いつも心に太陽を、
くちびるに歌を
懐には一冊の本を

萌音

いろいろ

上白石萌音

はじめに

二〇二〇年九月十日。渋谷に立つ、年月の重厚さが滲(にじ)む大きなビルの一室で、担当編集者Sさんと二回目の打ち合わせをした。Sさんはいつも素敵な手土産をくださる。前回はおしゃれな板チョコ、今回は熟したシャインマスカット。それをポンポンと頬張りつつ、打ち合わせもポンポンと進む。熱中するうちに、気づけば話し始めてから二時間も経っていた。充分すぎるほどアイデアが出揃い、晴れてこの本の方向性が定まったので、腕まくりをしてこれを書いている。

「エッセイを書いてみませんか」とお話をいただいた時、嬉しさと恐れ多さでちょっと手が震えた。文章を書くことは好きだけど、一冊分を書きる力が自分にあるとは思えなかった。でも「ありのままの、そのままの気持ちを記録すればいいいんですよ」という後押しに心を決め、未踏の憧れの地へ足を踏み入れてみることになった。

　一回目の打ち合わせでは、お互いが好きな本をたくさん持ち寄った。長机に並んだ十数冊の本はどれも紙の温かみを感じる素敵なもので、思わず頬が緩んだ。「ちょっといいですか」と、そのなかの一冊のカバーを外し、剝き出しの表紙を指でなぞったわたしを見て、Sさんは「本当に本が好きなんですね」と笑った。「ここまで装幀を愛でる人は本物です」と。そう、わたしは本当に本が好きだ。読書という行為以前に、「本」そのものが物質として好き。「この愛をふんだんに詰め込みます」と意気込んだ。

　アドバイス通り、自分を見つめ、ありのままを記録してみる。そして粗さも拙（つたな）さも、「本が好き」という気持ちで強行突破してみる。突破できるかはわからないけれど。できるといいけれど。

　どうか気楽に、そしてできれば温かく大きな心で、お楽しみください。

いろいろ　目次

装幀　小田切信二＋石山早穂（wip·er graphics）
カバー写真　山本あゆみ
題字・エッセイ内写真　上白石萌音

踊る

小さい頃から、踊ることが好きだ。母に教わっていたピアノが続かなかったのも、踊りが好きだったせいだ。音楽が鳴っているのに立ち上がって身体（からだ）を動かせないなんて、わたしには苦痛だった。

好きだったけれど、小学二年生から通い始めたバレエスクールでは劣等生だった。みんなのように綺麗に回れなかったし、足も綺麗に上がらなかった。端の方でついていくのに精一杯。それでも、踊るのが大好きだった。あの時の振り付けは今でも覚えている。

確か中学二年生の文化祭、わたしのクラスはダンスを発表した。中学時代はなるべく目立たないように毎日生活していたのだが、この文化祭だけは違った。他にダンスをやっている子がいなかったのでわたしに白羽の矢が立ってしまい、練習の指揮をとることになったのだ。今振り返っても、あれは三年間のなかで異質な時間だった。クラスの子たちは驚いただろうな。〝地味子〟がいきなりみんなの前で踊るんだもの。

ドキドキしながらもなんとかやってのけたので、「好き」という気持ちが発揮する威力は凄(すさ)まじい。

わたしが出演する『ナイツ・テイル―騎士物語―』というミュージカルで、想い人に置き去りにされた悲しみから狂乱のなか踊るシーンがある。茫然と始まりどんどん制御が利かなくなっていって、最後は崩れ落ちる。その過程を全部踊りで表すのだ。後半は本当に制御が利かなくなるから、自分がどうなってしまうか自分でも予測できない。でもどんなにふらついても転ぶことは許されないので、体幹を全力で使ってバランスを取る。衝動と客観がせめぎ合う大好きなシーンだ。

バレエの先生にしょっちゅう怒られていたわたしが、中学の教室で勇気を振り絞っていたわたしが、まさか帝国劇場で踊るなんて。下手の横好きでも、スポットライトを浴びる時が来るのだ。好きでい続けることに意味があるのかもしれない。

さて、世界的ダンサー、イサドラ・ダンカンはこう言ったそうだ。

「この踊りの意味が口で言えたら、踊る意味がなくなるでしょう」

なぜだかわからないけど、身体が勝手に動いちゃう。なぜだかわからないけど、踊っていると楽しい。その「なぜ」がわからないから人は踊るのだろう。

わたしはきっと一生踊りを好きでいると思う。なぜだかわからないけど、そんな気がする。

視る

わたしはとても目が悪い。コンタクトの度数を聞かれても恥ずかしくて言えないほど悪い。

視力が下がり始めたのは六歳頃だった。遠くの看板の文字が読めなくて目を細めているところを母に見つかった。目の体操をしたり目にいいとされるものを食べたりと足搔（あが）いてみたけれど、どれも効き目は薄かった。

メガネデビューの日を忘れない。小学二年生の二学期、とある月曜日。鼻の上に載った、作りたての薄ピンクの細いフレームを嬉しく撫でながら通学路を歩いた。背筋がしゃんと伸びて、小学五年生のお姉さんになったみたいだった。

ところが校門まで二百メートル目前、急に猛烈な恥ずかしさに襲われ、立ち止まってメガネを外した。髪を少し切っただけでも、しばらく教室に入れなかったわたし。メガネなんて大大大冒険だった。実を言うと、その頃の教室はわたしにとってあまり居心地のいい場所ではなかったのだ。なるべく目立ちたくない。そんな気持ちから、結局その新調品は日の目を見ることなく、引き出しにしまわれたまま一日を終えた。

コンタクトデビューの日も相当恥ずかしかった。中学一年生の夏、陸上の大会に助っ人で出場した時。自分の番の直前にコンタクトを装着すると、下着をつけ忘れたみたいな心許ない気持ちになった。大勢の人の前で走ることよりも、誰も気にとめていない目元の変化の方が一大事に思えた。恥ずかしくて恥ずかしくて、予選のタイムなんてもうどうでもよかった。こちらの原因は思春期の自意識。こいつは馬鹿にできない。


その後も順調に下降を続けたわたしの視力は、もう落ちるところまで落ちた感がある。コンタクトを外した世界は、撮影に失敗したフィルムカメラの写真みたいに粗い。でも最近わたしは気づいたのだ。この視界は、よく言えば、新印象派の画家が描く点描画のようだと。ぼんやりした景色のなかに、何かの明かりがぼうっと光っていたり、物体と背景の境目が曖昧だったり。うむ、悪くないではないか。

それに、「視えるようになる」という喜びを、わたしは毎朝コンタクトをつけるたびに味わえているのだ。これはもとから視える人にはわからない感動だろう。

もちろん目がいいに越したことはない。でも落ちてしまったものはしょうがない。

それならばちょっと面白がってみようじゃないのという魂胆だ。

とか言いながら、レーシックがちょっと気になっている、今日この頃。

懐かしむ

高校の時仲がよかった男の子が今度イベントに来てくれることになり、三年ぶりに連絡を取った。懐かしくなってＬＩＮＥのやりとりを遡ってみたところ、わたし何も変わってないなあ、と思った。相変わらず「読書が止まらない」と言っているし、冗談も非常にくだらない。励まし方もあしらい方も今と同じ。ちょっと呆れて、でも同じくらい嬉しかった。なんだ、わたし三年前から変わってないじゃん。

高校一年で上京してしばらくは都会を相手に過剰にビクビクしていて、「馴染めなかったりいじめられたりしたらどうしよう」とネガティブな気持ちでいっぱいだった。最初、わたしのことを知っている人は教室に一人もいなかった。そしてわたしは芸能活動をしていることを数日間言い出せずにいた。完全にタイミングを逃したのと、とても恥ずかしかったのと、まだ目立ったお仕事をしているわけではなかったので、自ら俳優と名乗ることに恐れ多さを感じていたのかもしれない。

その日の放課後も悩んでいたら、クラスメイトの一人から電話がかかってきた。

「ねえモネってさ、子役か何かやってる？」

その瞬間、肩の荷がスーッと下りたのを覚えている。言う前に気づいてくれた！と。秘め事がなくなった途端に心が軽くなり、結果、抱いていた不安はすべて杞憂に終わった。その電話の主とは今でも仲がよくて、よく一緒にタイ料理を食べに行く。

高校からの友人といると心がとても安らぐ。一人の人間としてテキトウに接してくれる、貴重な存在だ。「あんた仮にも女優なんでしょ、もっとちゃんとしたらどうなの」とよく叱られる。これからも末長くよろしくお願いしたい。

ちなみに冒頭の男の子とは、仲間たちに仕組まれて二人きりで映画を観に行ったことがあった。ふふ、懐かしい。不本意ながらそれが人生初デートだったこと、知ったら彼は驚くだろうか。

読み込む

ここ最近、ありがたいことに、立て続けに新しい台本を受け取っている。鞄のなかに台本が何冊か入っていると、物質的にも、精神的にも、重みをしっかり感じて、頑張らないといけないなと思う。

ちょっとだけ、今の台本の読み方を記録しておこう。

まず台本をもらうと部屋籠(ご)もりをする。「ごはんだよ」という妹からの呼びかけも、この時は全く聞こえない。昔はよくそれで家族に怒られていたけれど、最近はもう、「今から台本を読むのでしばらくお返事ができません」と宣言してから部屋に入るようになった。

最初は黙読。小説のように読む。「初めから声に出したくなるけどそこは堪(こら)えなさい」と俳優の先輩に教わったことがある。音で先入観を植えつけないためなのかなと、続けていいて思う。まず全体をフラットに捉えて、その上で自分がどういう声を出せばいいのか探るようにしている。

二周目で自分のセリフにペンでマークをつけていく。わたしはいつも、演じる役の子が使っていそうな筆記用具を選ぶ。蛍光ペンなのか、鉛筆やシャープペンシルなのか。色はパキッとした原色か、はたまた淡くくすんだ色なのか。イメージ通りのものがない時は買いに行く。マークのつけ方の丁寧さなんかも、なんとなく役のキャラクターに寄っていく。

そして連続ドラマの場合、次第にマークをつけなくなる。もらっては覚え、撮っては忘れ、の繰り返しのなかでマークどころではないのに加えて、印がなくても、自分や周りの方々の役名がそれぞれの色で見えるようになってくるのだ。これが、作品が身体に馴染んだ合図のような気がする。

セリフ覚えに今のところ苦労はない。暗記は昔から得意な方だ。「だんだん覚えられなくなるぞ〜」とよく先輩方に脅かされるけれど、わたしもいつか、「昔はするする入ったのよ」と苦笑いしているくらいに、長いことお芝居を続けられたらいいなあと思う。

採る

虫を怖がりたい。全然怖くない。部屋に虫が出て怖くて友だちに電話する、とかやってみたい。叫び声一つあげずに対処できる。可愛げがない。

わたしは鹿児島県の串木野市（現・いちき串木野市）というところで生まれ育った。家の周辺はビルなど見当たらずコンビニもないような田舎で、遊ぶ場所には困らなかった。近くの公園、静かで広い海岸。一緒に遊ぶのは男の子が多かったので、自然のなかを駆け回り身体中に傷を作りながら遊んだ。

なかでも熱中したのがバッタ採りだ。くるぶしくらいまである草むらをぴょんぴょん飛び跳ねるのをとにかく追い回した。両手をドーム型にして、ひたすらうさぎ跳びを繰り返す。どれだけ気力と体力を持て余していたんだろう。今じゃ考えられない。

あの方々は本当にすばしこいので、二、三時間頑張って、せいぜい五匹採れればいい方だった。数にこだわるならあまりにも割に合わないが、それでも飽きもせず熱中していたということは、バッタとの追いかけっこ自体が楽しかったのだろう。

ちなみに捕まえたバッタはすぐにリリースしていた。今思うと、それなのになぜ、いつも必ず虫かごを持参していたのだろう。空の虫かごを持っていそいそと出向き、空のまま抱えて帰っていた。手ぶらじゃいけなかったのだろうか。格好から入りたいタイプだったのだろうか。真相は当人のみぞ知る。

そんなことをしていたからか、いまだに虫は平気だ。好きでも嫌いでもなく、いて当然の存在。ムカデがいてもゴキブリがいても、「ああいるなあ」と思うに尽きる。頼まれればそっと捕まえるし、頼まれなければ放っておく。どんなに小さな虫でもなるべく生かしておきたいと思うのは、幼い頃から一貫している。

でもこの無関心さも考えものだなと思う出来事があった。

先日撮影所の道の途中に、虫が大量発生していた。わたしがいつものごとく「まあそんなこともあるだろう」とそこを突っ切ろうとしたので、マネージャーさんは慌てて迂回を促した。「そんな襲われるようなこともないだろうに」と思っていたのだが、あとで聞くとそれは蜂の大群だったそうだ。これにはさすがにブルッとした。虫は平気だけど痛いのはごめんだ。飛んで火に入る夏の虫にはなりたくない。虫とわたしの関係性はきっとずっと変わらないけれど、今後、大群はなるべく避けていこうと思う。

完パケる

ビビりで心配症なわたしにとって、このお仕事は緊張の連続だ。日に何度も寿命が縮まる思いをする。そこにはいろんな種類の緊張があるのだけれど、そのなかでもトップクラスで心臓に悪いのは、「完パケ」を見る時だ。

完パケとは、完全に編集されて、出来上がった映像作品や音声作品のこと。主にテレビドラマの完成版をわたしたちは完パケと呼ぶのだが、大体の場合放送前にこれを受け取る。だから放送日が近づくとわたしの勘が働き出す。今日なんじゃなかろうか。そろそろ完パケが来るんじゃないだろうか。「上白石様」と太めのペンで書かれたあの小さめの封筒がそろそろやってくるぞ。

残念なことにこの勘は大体外れる。「絶対今日だ」と胸中で大騒ぎをした、その次かまた次の日くらいに手渡されるのが相場だ。まあ人生そんなものでしょう。

ちなみに完パケは見る派と見ない派に分かれる。わたしが完パケを見る理由は、あらかじめ覚悟をしておきたいから。作品が人様の目に触れる前に自分の目で確認して、呼吸を整えておきたいのだ。

さて、完パケが来たらもう、いても立ってもいられない。その日の撮影がどんなに遅くまでかかろうと、翌朝どんなに早かろうと、そいつが手元にあるならばすぐに見ないと気が済まない。帰宅して手洗いうがいを済ませると、着がえもせずにリビングへ。テレビとDVDプレイヤーのスイッチを入れ、円盤を滑り込ませる。読み込んでいる間にダッシュで部屋着に着替え、席について深呼吸。再生ボタンを押したなら、独り大反省会の始まりだ。

正直に告白すると、自分の作品のことは、初見では全くよくわからない。ありがたいことにこれまでたくさんの作品との出会いに恵まれてきたけれど、完全にピュアな気持ちで作品を見られたことは一度もない。自分が出ているシーンはおろか、他の方のお芝居を見るにつけ、毎度、自分の拙さに落ち込み反省する。同時に、画面から、監督はじめご一緒している方々の心強さを感じ本当にありがたく思う。わーダメだ。わーありがたい。この繰り返し。

厄介なのが、完パケを見たからといって、安心して放送を迎えられるわけではないというところだ。むしろ見る前よりも放送が怖くなったりする。「今夜放送です。ぜひご覧ください」と微笑んでいる内心は、いつもバクバクなのだ。

灯す

おうち時間を通しての一番の収穫は、キャンドルを見つけたことかもしれない。断捨離をしていたら、なぜか靴箱の隅にちんまりと納まっていたのを発見したのだ。どうしてあそこにあったのか、どなたにいただいたものなのかはさっぱりわからない。「こんなところにキャンドル」と思って灯してみたその時以来、わたしの生活に欠かせないアイテムになっている。

それにしても。「キャンドルにハマっています」……なんて、素敵な響きだろうか。丁寧な暮らしをしている感が滲み出る。こりゃいいやと思い、取材などで言いまくった結果、たくさんの方がキャンドルをプレゼントしてくださった。今わたしの部屋には十二の蠟燭たちが並んでいますが、自分で買ったものはうち二つです。みなさま本当にありがとうございます。

蠟燭に火を灯す瞬間が好き。わたしはマッチ派だ。手前から奥に向かってマッチを擦り、それを横に寝かせて蠟燭に近づける。この一連の所作にはなんとも言えない情緒がある。火がマッチ棒から芯に燃え移るのを待つ数秒間、右手が「オーケー」の形をとりがちなのもなんだかいい。

と、ここまで書いていたらうずうずしてきたので、昼間なのにカーテンを閉めて部屋を真っ暗にして蠟燭を灯した。夜みたい！

キャンドルの火はずっと揺らめいている。当たり前だけれど、そこにも空気があるんだなと思う。ソファからローテーブルの蠟燭までの距離はおよそ一メートル。ふっと吹いてみると、コンマ五秒ほど遅れて火が大きく揺れる。風が可視化されたみたい。炎が小さな生き物に見えてくる。二本足で立つ、シーツをかぶったおばけみたいなその生き物は、ひとときもじっとしていない。幼い頃のわたしみたい。ゆらゆらというよりモジモジしている感じが可笑しい。

蠟燭の火を消そうとする時は、毎回ちょっと切ない。甘い香りと橙の光のせいでだいぶおセンチに仕上がったんだわ。「うふふ」の口でふっと一息。この部屋はこんなに暗かったのかと思う。闇が光を作っていることを改めて知る。

あくびが出てきたけど外はまだ昼なのだった。もういっそこのまま昼寝でもしてしまおうか。それがいい、そうしよう。それではおやすみなさい。

駆られる

何をしても上手くいかないことが続いた。部屋で洗濯物を畳んでいる時、自己嫌悪の大波に溺れてしまいそうになったので、洗濯物をほっぽり出して外に出た。時刻は夜七時を少し過ぎた頃。部屋着をコートで隠して、お財布だけポケットに入れて。

夜道をズンズン歩く。嫌な気持ちが際限なく湧いてくる。嫌だ嫌だ。なんでわたしはこんなにダメなのだろう。なんでわたしは。なんで。なんで。考え出したらもう止められない。

気持ちをぐちゃぐちゃにしながら歩いて歩いて、ふと、ずっと下を向いていることに気づいた。家を出てからずっと、足元を流れるアスファルトばかり見ていた。ハッとして、初めて目線を上げる。あ、夜風が冷たい。煮えていた脳がすうっと冷やされていく。

お腹すいたな、と思った。そして、無性に餃子を食べたいと思った。今日は妹が留守にしているから一人だ。餃子をする時は家族が揃っている時だとなんとなく決まっていたけど、でも今はそんなの関係ない。考え出したらもう止められない。

視線を地面に落とさないようにしながらスーパーに向かい、ニラと白菜と豚ミンチと餃子の皮を買った。一目散に部屋に帰る。畳み掛けのタオルなんか気にするもんか。そのままキッチンに向かって手を洗って包丁を出して、いざ。

それは、わたしにしては珍しく、衝動的な夜だった。勢いで作った餃子はとても粗くてとても美味しかった。そしてその夜は、数日間続いていた悪夢から久しぶりに解放された。

脳味噌で生きているんだなと思った。天に昇るのも底に落ちるのも、結局は心がけ次第なのかもしれない。ちょっとしたことで、下向きの矢印は上を向く。その逆も然り（しか）なので要注意。

自分の機嫌は自分で取って、上手いこと生きていかないと。

決まる

ああ、まだ信じられない。『カムカムエヴリバディ』への出演が決まってしまった。嘘みたい。夢みたい。

ここまで来られただけですごいことだから、思い切り楽しんで、当たって砕けようと、大阪の放送局での最終審査に挑んだ。審査は実際に建てられたセットのなかで行われた。衣装とヘアメイクもしていただいて、カメラが五台くらいあった。こんなオーディションは滅多にない。スタッフのみなさんは本当に明るくて、ものすごく居心地のいい空間だった。オーディション用の台本も素晴らしい言葉ばかりで、演出も柔らかく適切で、方言指導までしていただいた。ああ、楽しかったな幸せだったな、と思いながら帰りの新幹線に乗った。でも手応えはゼロ。もっといいお芝居ができたはずだと悔いた。家族には、楽しかったけど多分ダメだったと思う、と報告した。

「それでももしかしたら」と一縷の望みを持って結果を待つのは、とてもジリジリする時間だった。しかし待てど暮らせど一向に結果が来ないので、やっぱりダメだったんだと思った。きっと残念な知らせが来る。落ち込みすぎないように、心の準備を始めておこう、と。

その矢先に、まさか、まさか。

早く作品のことをもっと知りたいし、じいちゃんばあちゃんに、恩師たちに、親友に、先輩たちに、伝えたくてしょうがない。また違うジリジリとした時間が始まった。でも今目の前には他のやるべきことがたくさんあって、間もなくクランクインする大事な役がそばにいる。もう充分喜んでひとしきり緊張もした。よし切り替えだ。手前にぐっとフォーカスを合わせる。

とにかく今は感謝の気持ちでいっぱいだ。これまでの出会いすべてに。

安子(やすこ)さん、もうしばらくしたらお世話になります。どうぞよろしくね。

学ぶ

　低い机に日本地図が広げられている。

「萌音(もね)が今いる鹿児島はここ。大きくまとめてこれが九州。上から県の名前を読んでごらん」

「ふくおか、おおぶん」

「それはおおいた」

「おおいた？　なんでおおぶんって書いておおいたって読むの？」

　これは祖父と幼いわたしの会話。覚えている限り一番古い「学び」の記憶だ。幼稚園児くらいだっただろうか。最後の問いに祖父がなんと答えたかは忘れてしまったけれど、すごく不思議に思ったことは覚えている。

　祖父母の家に泊まりに行くといつも、いろんなことを教えてもらっていた。

　もう一つ、これは小学生くらいの時。

「もう遅いから寝なさい。宿題も明日起きてからやらんね。あのね、朝起きて一番に書く字が、一番綺麗なのよ」

こう教えてくれたのは祖母。妙に納得して、すぐに眠りについた。翌朝書いた字は、本当に昨晩の字とは見違えるほど綺麗に見えた。

ずいぶん時間が経って、わたしも大人と言える年齢になってきたけれど、「大分」の文字を見るたびに祖父との時間を思い出すし、大切な書き物は朝一番にすると決めている。あの時の教えが染みついている。

他にも、母に教わった譜面の読み方、父とお風呂場で暗唱した『枕草子』など、忘れられない学びの体験が多い。わたしの周りにはいい先生がたくさんいたのだな。なんでも知りたくてなんでも不思議だったあの頃、「学びたい」という欲求に応えてくれる大人がいつも近くにいた。とても恵まれていたし、だから学ぶことが好きになったのだと思う。

よくよく考えてみると、歩き方も食べ方も歯の磨き方もドライヤーの使い方も、全部誰かから学んだことだ。物事の善し悪し（よしあし）も、周りの人たちを見て判断している。生きることは学ぶことで、日々は学びの結晶だ。

「一生学びなさい」と父がよく話す。どんなに年を重ねても、不思議なことに対する違和感を大切に、子どものように柔らかく吸収しながら生きていきたい。

水色

萌音ちゃんを思い浮かべた時、パッと豊かな湖が浮かんできました。その湖はとても深くて、太陽があたれば水面がキラキラひかり、底を覗けば穏やかに魚たちがスイスイ泳いでいて、みんなが楽しそうです。そんな湖でした。単色の水色ではなく湖のように角度や深さによって違う水色でしょうか……。

「これからも、いつまでも、変わらず、応援しています。」

冨永朋子(とみながともこ)

(ヘアメイク・萌音さんのMV撮影やテレビ出演などを担当)

湖！　ああ、なんて嬉しい。一緒に行った「一縷(いちる)」のMVの撮影地を真っ先に思い浮かべました。穏やかで清々しい、素敵な場所でしたねえ。

それにしても、水の色を「水色」だと最初に言った人の感性ってすごいと思います。本当は透明な液体が、光を受けて美しく輝いた瞬間を切り取ったのだから。

冨永さんはベージュのイメージです。シンプルで温かくていつでも安定していて、何色にもスッと馴染んでしまう、オールラウンダーな色。

———萌音

NO.6

読み上げる

今日は国語の教科書の朗読ＣＤを収録してきた。去年は小学校、今年は中学校の教科書。一度お世話になった方々に再びお声がけいただけるのは本当に嬉しい。ましてやそれが教科書の朗読だなんて、〝教師の娘〟冥利に尽きる。

今回は光栄なことに、中学一年生の時大好きだった谷川俊太郎さんの「朝のリレー」を任された。声に出して今一度読んでみると当時の思い出がぐんぐん蘇ってくる。甘いのも酸っぱいのも。くぅー。中学の思い出ってなんでこんなにくすぐったいんだ。あの頃はひたすら目立ちたくなかった。頼むから誰もこっちを見てくれるなと思っていた。

小学校の三年間をメキシコで過ごして、「みんなこっち見て！」的なラテンマインドを身につけたわたしは、帰国後の六年二組の教室でこれでもかというほど浮いた。それを気に入った担任の先生の「上白石、そのままでいてくれよ」という言葉も虚しく、わたしはただちに日本人に戻った。中学に上がる頃には、もはやクラスの誰よりも慎ましくなっていた。

そんなわたしにとっての一番の憂鬱が、国語の授業での音読の時間だった。なぜかというと、わたしは音読が大好きだったからだ。

大好きだからいっぱい読みたい。でも目立ちたくない。だからみんなと同じようにボソボソ早口で読む。でも本心ではそんな自分が嫌でしょうがない。屈辱的な時間だった。

ハキハキ音読をするクラスメイトは二人くらいいたけれど、わたしはその子たちみたいに堂々とすることができなかった。必死で群れに紛れようとしていた。

今思えば、あの教室は羞恥心の溜まり場だった。思春期の人間の集まりのなかで、好きなことを好きと言うにはとても勇気が必要だった。わたしのような小心者にとっては特に。

なんだかとんでもなく苦しかったなあ。あの時の自分の背中をさすってあげたい。それで、大きくなったら仕事でたくさん朗読できるからね、と伝えてあげたい。

歩く

昨日、仲よしの藤原さくら氏と遊んだ。自粛中ずっと恋焦がれていたから念願だった。

藤原さんと遊ぶ時はいつも行き当たりばったりだ。スケジュールを立てるという発想がまるでない。集合時間すらまともに決めない。なんとなーく集まる。

昨日は藤原さんが行きたい界隈があったのでそこらへんで会うことにした。集合場所をざっくりとしか決めていなかったから、当然わたしたちは別々の駅に到着して、落ち合うためにのっけから歩く。

駅と駅の中間地点で、前方に姿を見つけて互いに駆け寄る。この再会の仕方、普通に待ち合わせるよりもなんだかドラマチックに仕上がるので、嫌いじゃない。そしてひたすら歩く。車がぶんぶん行き交う大通り、人っ子一人いない路地を、コロコロ話題を変えながらぐんぐん歩く。

ゆうべは夜ごはんがなかなか決まらなかった。鰻屋さんの前で「鰻いいね」と盛り上がり、焼き鳥屋さんの前で「焼き鳥いいね」と舌舐めずりしながら歩いていると、お店が全くないエリアに差し掛かってしまった。引き返せばいいのに、それはなんか悔しいからと意地になって歩き続けると、隣駅が見えてきた。調べたら美味しいジンギスカン屋さんがあるらしい。決まりだ、直行だ、今夜は何がなんでもジンギスカンだ！　と駆け出すも、途中のタイ料理屋さんに心奪われすんなりそこに落ち着いた。こだわりや決意を潔く切り捨てられるところが、わたしたちのいいところかもしれない。そこの空芯菜炒めとパッタイはとっても美味しかったのでジンギスカンへの未練は一ミリとてない。

食後も歩いて歩いて、いい感じの公園が見つかったので、持っていたクッキーで夜のお茶会をした。並んで座るベンチからの夜景が最高だった。東京にこんないいところを見つけた、とお得な気分になった。

藤原さんと会うと、地元の友だちと会ったみたいになる。いっぱい笑ってちょっと訛(なま)って、あまりに楽しくてくたびれる。

仕事終わりの夕方六時くらいに集合して夜十時くらいに解散するまでに、約一万五千歩も歩いていた。わたしたちはいつも歩きすぎる。帰りの電車で別れたあと、棒になった足をトントン叩きながら懲りずに考える。次は一緒にどこを歩こうか。

散歩道

断ち切る

髪を切った。ばっさり十センチ、軽い〜。手櫛で髪をとくと今朝よりも早く毛先に辿(たど)り着く。その感覚が新しくて、ずっと自分の頭を撫で回している。

演じる役柄に合わせて髪型が決まるので、自分のしたい髪型にはなかなかできない。大抵、切りたくてしょうがない時は切れないし、伸ばしたいなと思うと切ることになる。ちょっと窮屈に思うこともあるけれど、でも「仕事のために髪を切る」ってとてもかっこいい気もする。

そんなわけで今回は、二〇二一年一月から始まるドラマのためのヘアチェンジ。今回はオリジナル作品なので、原作がある時と違い、監督と話し合いながら自由にイメージを膨らませることができる。今回演じるのは「フツウ」が特徴の女の子なので、ミドルボブの長さに切り、前髪を作り、スタンダードな茶色に染めてもらった。

作品に入る前は毎回、国外逃亡を図りたくなるほどの緊張が続く。でもクランクイン前に髪を切ると、「もう逃げられない」と思う。ハサミが入る時に、迷いや不安も断ち切ろうという意気込みで椅子に座る。覚悟を決めるための儀式でもあるのだ。

只今、二〇二〇年十一月二十二日の午後六時。今からちょうど十二時間後に、ドラマの情報が世に出る。もう胃がキリキリし始めたし、明日は早起きなのに今夜は眠れる気がしない。何度味わっても慣れないばかりか、経験を重ねるごとに緊張の度合いは増している気がする。しかしこれは本当にありがたく、幸せな、胸の痛みだ。

さあ髪は切った。腹くくって向き合います。

揃える

指先が綺麗な人には、男女問わず惹かれる。わたしは指フェチである。自覚するきっかけは何だっただろうと遡ったら舞妓さんだった。映画『舞妓はレディ』の撮影当時、京都で舞妓さんにお会いする機会がとても多かったのだけれど、みなさん本当に手元が綺麗なのだ。タクシーに同乗した時、手提げのがま口をパチンと閉めるその揃った指先に、不覚にもドキッとしたことを覚えている。以来、他人の指先を強烈に意識してしまう。

それより前にも思い当たる節があった。中学の時クラスで人気のあったＹくん。静かで照れ屋で男子からも好かれる人だった。みんなが言うように顔立ちも端整だし足も速いし頭もいいのだけど、わたしは密かに指が綺麗だなあと思っていた。細くて長くて品のある指。おまけに字も綺麗。おー、今思えばとんでもないハイスペック男子だったわけだ。

もちろん爪も大事。わたしのなかでの歴代ベストは、かかりつけのお医者様の爪だ。テキパキしていて優しいその女性は、長くて丸い、満点の爪をしている。それでぱちぱちとリズミカルにキーボードを叩くので、もう無敵だと思う。

わたしも自分の指先に意識を注ぎたくて、そのためによく指輪をつける。主に家のなかで。仕事柄つけ外しが面倒だし、あと指輪って何かとあらぬ誤解を生んでしまいがちなので注意が必要である。

帰宅して、手を洗って、部屋着に着替えて、指輪をつける。一般的には逆なのかもしれない。でもわたしにとって指輪は、憧れの仕草を身につけるための訓練器具なのだ。

洗濯物を畳んだり、スマホやパソコンを触ったり、本を読んだり。なんてことない仕草のなかで指輪が目に入ると、わたしのなかの「理想の指先」が脳裏をよぎって、指がシャキッと揃う。

なんてパソコンで打っている今、急に主役になったわたしの指たちは緊張してデタラメな方向に動き、タイプミスがひどい。まだまだ修業あるのみだ。

降る

金曜の夜、観劇の帰り。

とても考えさせられるお芝居で、その素晴らしさがガツンと来て、タクシーのなかで根を詰めて考えていた。心臓の鼓動が速くて脳が煮えてきて、助手席の背の取っ手をぼうっと見ていた。そこへ、トツ、トツ、としずくの音が聞こえて我に返る。

家の少し手前で降車して、雨のそぼ降る夜道をとぼとぼ歩く。細い路地に大きな黒い車が止めてある。さて右と左どっちに避(よ)けようか、とぼんやり立ち止まる。ヘッドライトに無数の雨の糸が照らされていて、「いい線だな」と思う。今朝おろしたおしゃれな傘がボツボツ鳴って、「いい音だな」と思う。しっとりとした空気をいっぱい吸う。

東京は雨が降っても匂いがしない。鹿児島では、火山灰のあとに雨が降ると、なんらかの化学反応によって硫黄(いおう)の匂いが立ち込めるのだ。鹿児島には雨の日の匂いがある。東京にはない。

そんなことを考えていると車の持ち主さんが「あ、すみません」と小走りで戻ってくる。「とんでもないです」と返してまた歩く。

マンションの前に着くと、綺麗に手入れされた植物の葉っぱが、雨粒に打たれて跳ねている。踊っているみたいで面白い。この草もわたしもよく頑張っているなあと思う。

雨が嬉しい人もいるから、天気予報では雨を形容するのにマイナスな言葉を使わないらしい。それを知ってからわたしは雨が降るたびに、「笑っちゃうような雨」とか「心ばかりの雨」とか、密かに命名してニヤニヤしている。雨が憂鬱な日にはお試しあれ。

鳴らす

仕事までまだ少し時間があるので、エッセイでも書こうと喫茶店に立ち寄ったのだが、ここのお母さんの声、惚れ惚れするほどよく通る。あまりの衝撃に書き掛けの原稿をいったん閉じ、新しい原稿のファイルを立ち上げた次第だ。

一歩足を踏み入れただけで、地元で長く愛されてきたことがわかる純喫茶。年季の入ったテーブルと椅子も、高い天井から吊り下がるガラス製の照明も、〝喫茶店の正解〟が詰め込まれているみたいだ。広々とした店内にお母さんの声が絶え間なく響き渡っている。すべてのお客さんとの雑談を聞き取ることができるし、オーダーを通す声には思わず返事をしたくなる。身体がしっかり鳴っている、歌声を聞いてみたくなる声だ。いいなあ。

一瞬言葉を交わしただけの人でも、声の記憶が残り続けることがある。いい声だなと聞き入ってしまって、会話の内容が全然入ってこないこともある。声には力がある。『令和元年版 怪談牡丹燈籠』という作品の台本読み合わせで、谷原章介（たにはらしょうすけ）さんのお隣になった時は、あまりのお声の素敵さにポーッとなって、続く自分のセリフを一瞬忘れてしまったことがあった。少し声を張られた時は、自分の内臓が共鳴で震えたのがわかった。声フェチとしてはたまらない時間だった。

役者さん、とりわけ舞台によく出演されている方のお声は本当によく響く。どんなに小さな声でセリフを言っても、身体全体が鳴っているので最後列の席まで言葉が届く。客席からその声を聞いた時は、小さな秘密を聞いてしまったみたいでドキッとするし、同じ舞台の上にいる時は、あまりの繊細さにゾクッとする。ちゃんと届く声量の幅が広いことは、そのまま表現の幅に繋(つな)がる。簡単そうに見えて、究極の技だ。わたしもマスターしたい。

お、お母さんのオーダーの声が聞こえてきた。チョコレートパフェか。いいな。飲み物だけにするつもりだったけれどお腹がすいたのでナポリタンを頼むことに決めた。鳴りのいい声は、客の腹をも鳴らすようだ。

OH! MY·BOSS!
恋は別冊で

交わす

最近になって、ご近所さんだということが判明した友だちがいる。高校の同級生で、一度も同じクラスになったことがなかったのに、なぜかとっても仲よくなった子だ。

ひょんなことから「文通しようよ」という話になり住所を知らせ合ったところ、「待って、会った方が早い」と笑ってしまうほどの近さだった。

それ以来、待ち合わせて少し散歩をしたり、お裾分けを持ち寄ったりしている。今日も急に「文旦（ぶんたん）食べる？」と連絡があり、十分後に近くの公園で落ち合うことになった。お返しのみかんを紙袋に詰めている時に、その子からピコンと通知。

〈うちら「どうぶつの森」みたいなことしてるね（笑）〉

うわあ、ほんとだ。この間は柿とりんご、今日は文旦とみかん。いそいそと果物を持ち寄っては交換して、少し話して歩いてさようなら。これって理想のほのぼの暮らしじゃないか。森に行かずとも、東京でこんなほっこりしたご近所付き合いができるなんて。

いつかは肉じゃがとかを鍋ごと持っていって交換したい。そしてその次に会う時はその子の鍋に豚汁をなみなみ注いで返すんだ。

自転車の前カゴにみかんを載せて颯爽と去っていく彼女を見送りながら、思わず笑みがこぼれた。しばらくここから引っ越せそうにない理由が、ここにも一つ。

合わせる

『カムカムエヴリバディ』の衣装合わせがあった。最終カメラテストを行ったのと同じNHK大阪放送局に着くと、あの日と同じ階段を下りて上って、あの日と同じエレベーターでまた昇って。違っているのは、緊張の中身の割合。不安：期待が八：二から三：七に変わった。

スタッフのみなさんの前で「我らがヒロイン」と紹介された時、くすぐったくて思わず笑ってしまった。そうかヒロインなのか。わたし本当に安子になれるんだ。嬉しい気持ちがみぞおちのあたりから迫(せ)り上がってくる。

衣装合わせは役に近づく第一歩だと思う。着る服の好みや色味、質感や状態はその人の暮らしを映す。何本も用意されたラックのなかから一着ずつ選んでは、「これはぽくない」「これはぽい」とみんなで意見を出し合う。適宜靴を履き替えたり、鞄を持ち替えたり、髪型を変えてみたり。着替えて衝立(ついたて)から出た時に空気が震えて「いい！」となることもあれば、束の間の沈黙ののち「……うん」と首を捻(ひね)ることもある。着ては脱ぎ、出しては引っ込めて、それぞれが描くキャラクター像を少しずつ擦り合わせていく。

大勢のスタッフさんに視線を注がれながら、わたしの方はこっそりスタッフさんたちの観察を始める。「この方はこんなふうに笑うんだ」。「この方の口癖はひょっとしてこれかしら」。これから何ヶ月も時間を共にする、これから少しずつ家族になっていく方々を、密かに見つめる。

今日はなんとたっぷり五時間も費やしてくださった。こんなに丁寧な衣装合わせは初めてだ。最初はなんとなく探り合う空気だったけれど、一時間を過ぎたあたりから徐々に白熱していき、最後は「俺の安子はこれなんだよ！」と声が飛び交うまでに場が温まった。そう、安子は本当に、それくらい愛おしい人なのだ。

ふんわりと思い描いていた少女の姿が、くっきりと実体を伴ってきた。袖を通した時の気持ちを覚えていよう。あの服がしっくり馴染むような女の子になろう。今日が始まりの日。

駄弁る

妹とは同じ家に暮らしているのに、下手すれば何週間も顔を合わせないことがある。どちらかが地方に長期滞在すればしばらく会えないし、二人とも毎日家に帰っていても、起きる時間と寝る時間が綺麗にすれ違うこともよくある。だから帰宅した時に「おかえり」という妹の声が聞こえると嬉しい。

わたしたちは顔を合わせるとよく喋る。リビングに居座ってだらだらと喋る。一方がごはんを食べたりテレビを見たりしていても、お構いなしに喋る。久しぶりだとなお止まらなくて、深夜まで喋り続けることもある。どうでもいいくだらない話から、仕事の悩みまでなんでも。

萌歌としか話せない話がある。親友にも、先輩にも、両親にさえも話せない話が。決して人に聞かれてまずい話というわけではない（まあなかにはそういうものもあるけれど）。言葉にしづらい感覚や、なかなか他では共感してもらえない細かい部分がスッと通じるのだ。ずっと一緒に生きてきたから、同じ血が流れているから、同じ仕事についているからこそわかり合えることがある。感じ方の周波数が絶妙に合う。

意見が食い違った時は、自分にはない視点にハッとさせられる。悩みを相談したらずっとかかっていた靄が一気に晴れることもある。そして、「あんなに小さかった妹が、こんなにしっかりしたことを言うようになったなんて」と姉は静かにしみじみする。

二〇一一年の一月九日。もしあの日、オーディションにどちらか一方しか受かっていなかったらどうなっていただろう。関係がギクシャクするようなことはなかったと思うけれど、ここまで深い繋がりは持てていなかったかもしれない。「せっかくだから二人まとめて書類を出してみよう」とおっしゃったミュージカル教室の恩師と、「せっかくだから二人まとめて面倒を見てみよう」と決めてくださった事務所の方々に、心から感謝している。

しばらく、またすれ違い生活が続いている。ブランクがある分わたしたちの駄弁りは盛り上がるから、たくさん話のタネを温めておくことにしよう。

歌う

わたしにとって、歌は二種類ある。仕事で歌う歌と、それ以外の歌。レコーディングで一日中歌ったあと、家に帰っても数時間歌い続けることがよくある。「まだ歌い足らんのか」と家族にはびっくりされるけれど、それとこれとは別なのだ。

歌を歌い始めたのは二歳になる前だった。初めて音とリズムを正確にとったのは、『いないいないばあっ！』を見ていた時。テーマソングの「ばあっ！」のところを完璧に歌ったそうだ。「もしかしたらこの子は天才なのかもしれないと思ってた、あの頃は」、そう笑う母は元音楽教師。わたしの最初の歌の先生だ。

物心ついた時から生活の一部だった歌が、やがて仕事になった。「好き」が仕事になるというのは生半可なことではない。嬉しさも、苦しさも、好きであればあるほど大きくなる。

「歌手」という肩書によって、歌うことに責任感が生まれた。ただ楽しく歌えばいいというわけにはいかなくなった。歌手デビューした当時は、間違えちゃいけない、上手く歌わなきゃというプレッシャーに押しつぶされて、歌うことが怖くなってしまうこともあった。そんな感情に支配されることこそ少なくなってきたけれど、今でも根底には同じ怖さが潜んでいる。

それでも「歌」への純粋な愛は変わっていない。家のなかでは本当に絶えず歌っている。特にお風呂場はライブ会場だと思っている。だから物件探しの必須条件は「楽器可」であることだし、将来の同居人にも「わたしはずっと歌っているけど大丈夫でしょうか」と前もって確認する必要がある。歌っていない時は身体か心が不調な時なので、歌が健康のバロメーターにもなっている。

家で歌っているのと同じようにステージの上でも歌いたいと思う。わたしのなかにある二種類の歌を重ね合わせたい。声を出す前のブレスではいつもワクワクしていたい。そのためにはもっとトレーニングが必要だし、強い精神力も身につけなくてはいけない。好きじゃないと続けられない。好きだからこそ続けられる。

歌を歌う時は、いつもよりたくさん空気を吸う。いつもより口を大きく開けて、心も大きく開け放つ。たっぷりの息に思いを乗せて声を出す。肺がぺしゃんこになるまで息を吐き切ったら、また大きく息を吸う。この繰り返しが音楽になる。難しくても怖くても歌うことをやめられないのは、弱冠二歳にして知ってしまったこの楽しさが、染みついているからだろう。

「萌音」という名前に込められた「音楽を好きになってほしい」という両親の願いは、しっかりと叶った。何があってもこの名前が変わることはないので、わたしはきっと何があっても音楽から離れられない。

しろちか

黄色

萌音さんの笑顔はフワフワッとしてとても癒やされるアカシアの花のようです。

「

またさらに素敵になった萌音さんを撮影させてください。
そしていつか喫茶店でケーキを食べつつゆっくりお話ししたいです。

」

山本(やまもと)あゆみ

（フォトグラファー・CD ジャケットや『いろいろ』で写真撮影を担当）

あゆみさんの写真集『foam』には四種類の表紙があるのですが、わたしは迷わず黄色い写真のものを選びました。黄色といえば眩しくて燦々(さんさん)と輝くイメージだったけれど、その黄色は目に優しくて控えめに明るい感じ。とっても好きな写真です。

あゆみさんの前でフワフワッと笑えるのは、同じようにわたしがあゆみさんに癒やされているからです。

わたしもあゆみさんは黄色だと思う。ちょうどこのページのような生成(きな)りっぽい黄色。

——— 萌音

食べる

わたしの口癖の一つは「お腹すいた」だそうだ。誰よりも長い時間を共にしているマネージャーさんが言うのだから間違いない。

確かに、気づけばいつもお腹がすいている。仕事終わりは特に。わたしはかなりの緊張しいなので仕事の前はろくに食べられないことが多く、でも身体に何も入れないわけにもいかないので、とりあえずがぶ飲みした水だけで数時間働く、なんてことがよくある。すると無事に仕事を終えてホッとしたのを合図に、腹の虫が騒ぎ始め、わたしは「お腹すいた!!」と叫ぶ。もはやルーティンだ。

さあここからが問題。何か食べたいけれど、何を食べたいのかがいつもわからない。わたしはかなりの優柔不断でもあるのだ。「お腹すいた」と喚(わめ)くくせに「じゃあ何が食べたいの」と聞かれると途端に静かになる。いつもはびっくりするほどレスポンスが早いのに急用の時に限って全く連絡がつかなくなる人いますよね、あの感じ。たぶんマネージャーさん、いつもイライラしていると思う。

あーとかうーとか呻(うめ)きながら迷っているのを見兼ね「和、洋、中、イタリアン、フレンチ、エスニック」とヒントを出してくれるマネージャーさん。んー。全部今の気分にぴったりな気もするし、どれも全然違う気もする。

「……この辺のお勧めのお店なんてありますか」

「んーこの辺なんでもあるからねえ」

全くだ。東京って所は、どこにでもなんでもある。困ったものだ。毎回そうやって長い時間をかけて、なんとか決めたお店に辿り着く。でもまだ安心できない。お察しのこととは思うが、席についてメニューを広げてからが、本当の戦いだ。このわたしが、注文の品をすんなり決められるわけがない。

なんだか自分でも文章を書きながら苛立ってきた。マネージャーさんのみならず、家族や親しい友人たちの忍耐強さにもっと感謝しなくてはならない。心の広い人たちに許されて、わたしは今日もごはんにありつける。

挟む

掛布団を出した。冬が来る。

身体を潜らせると、冷たさと温かさにキュンとする。布団のなかで唯一肌が露出している足先に意識を集中させる。じっと動かないでいると、足が触れている部分だけ温かくなる。しばらくして足をちょっとずらすと、また冷たい。じっと温める。

昔から、寝る時に両膝の間に何かを挟む癖がある。家では抱き枕を、ホテルの部屋ではたくさん並んだ枕から一つ選んで挟む。幼い頃はよく父を挟んでいた。つくづく、なんて優しい父なのだろう。娘に挟まれても文句一つ言わず眠るのだから。

挟むものとしても布団は一級品だ。体温でぬくもった内側のぬるさと、室温に晒(さら)された外側の冷たさを、挟むことによって一気に味わえるんだもの。

足先での布団温め作業を繰り返し、冷たい部分がなくなると、片足をもぞもぞと出す。部屋の空気が冷たい。わたしは今布団に包まれている。そうありがたく思いながら、それを容赦なく挟む。冷たさと温かさを行ったり来たりするうちに、気づけば眠りのなかへ。おやすみなさい。

追記。この挟み癖の話を母にしたら、「あんたそれお父さんと全く一緒よ」と言われた。遺伝だった。父はわたしに挟まれながら、「わかる」と思ってくれていたのだろうか。いずれにせよ、お父さんありがとう。

ふやける

お風呂にはいつも何かしらの本を持って入る。そう人に話すとよく、「しなしなになっちゃうじゃない」と言われるが、むしろそれがよくて持ち込んでいるところもある。書籍にしても台本にしても、一度手にしたものを誰かにあげたり売ったりすることはほとんどないので、ふやければふやけるほど愛着が増すのだ。同じ理由で、本の汚れや傷もわたしにとっては愛情の印だ。

作品に入っている時は主に台本を持ち込む。台本を読む時はほとんど毎回頭から最後まで読み通すので、入浴時間は自ずと延び、それに合わせてページもふにゃふにゃになる。一冊分を撮り終える頃には、台本の厚みがもらった時の倍くらいに膨らむ。少し波打った表紙を撫でていると、たくさん向き合ってきた達成感がじんわり込み上げてくる。

ユースケ・サンタマリアさんとご一緒した時、ユースケさんも台本をお風呂で読むとおっしゃっていた。「ふやけるの、いいですよね」と盛り上がったのだが、ユースケさんはもう少し先を行っていた。

「台本がふにゃふにゃになってるとさ、めちゃくちゃ読み込んでる人みたいでかっこいいもんね」

そして悪戯(いたずら)っぽく口角を上げてこう続けた。

「でもそれで中途半端な芝居しちゃったら、あいつあんなに読み込んでこれかよって思われるリスクもあるけどね」

うわ、確かに‼　ユースケさんのこういう、少し皮肉まじりで核心に迫った発言がわたしはたまらなく好きだ。

人の台本って結構気になる。まっさらな状態で綺麗に使う方もいらっしゃれば、たくさん持ち歩いてページをめくった跡がしっかり刻まれているものもある。どんな書き込みをしているのかとか、どこにどんなふうに署名しているのかなど、本当に人それぞれだ。だからそこにはプライバシーが詰まっている感じがして、まじまじと見ることはしないけれど、先輩方と台本の扱い方や読み方の話をするのはとても楽しい。

役目を終えた台本は絶対に捨てられない。部屋の本棚に入り切らなくなった分は実家の子ども部屋に並べてある。帰省するとその前に座り、適当な一冊を取り出して眺めることがある。それらはどれもやはりしおれていたり傷や汚れがついたりしているので、それを見て一人胸を熱くするのであった。

減らす

時刻は今、夜九時半。お腹がすいて力が出ない。グーッと鳴る直前のお腹は、ぽくぽく、という感じで絶え間なく動いている。お腹すいたー。

役のために、只今減量中。作品のなかで体重を変化させることが多いので、減量には慣れているつもりだけれど、空腹に慣れることはできそうにない。食べものはそばにあるし、食べようと思えばすぐにでも食べられるけれど、グッとそこを堪える。これは修行だ。

ちゃんと食べて、しっかり動いて体重を落とすのが一番身体にいいのだが、運動をする時間が取れない撮影期間中は、いつも食事制限をすることになる。朝と昼をしっかり食べて、夜をうんと軽くするのだ。そうすると大抵このくらいの時間にお腹がぺしゃんこになる。

ゾーンに入ってくると、空腹でテンションが上がるようになる。「いいよいいよ、痩せてきてるよ、いい調子だよ！」と。この高揚を「ダイエッターズ・ハイ」とでも名付けようか。お腹が鳴るとワクワクするってちょっと危険。

そうは言いつつも、目を閉じると浮かぶのはハイカロリーなメニューばかり。とんかつ、チーズバーガー、味噌ラーメン……恋しい味を想いながらコップに水を注ぎごくごくと飲む。すると少しだけ空腹が紛れる。食欲を水に流すことはできなくとも、水で流し込むことはできるのだ。なんつって、そんなに上手いこと言えていないのは空腹のせいにしてしまおう。

こんな日々を過ごしたら、クランクアップ後の自分へのご褒美はいつも食べものになる。ある時は思いっきりポテチを食べ、心の底から満足し、しっかり後悔した。その背徳感も含めて最高の時間であった。

書いているうちに腹は鳴り尽くし、空腹を通り越して「無」になった。そう、空腹は、超えられる。こうなったらもうこっちのもんよ。明日の朝食を楽しみに、間違って何か口に入れてしまう前に、眠るとしよう。

M2 土砂降り
MC
M3 あくび
M4 スターチス
M5 Little Birds
映像
M6 From The
M7 永遠はきらい
M8

M

愚痴る

地方勤務の親友はいつも突然電話をかけてくる。大体週末の、大体夜九時か十時頃。大体「ねー聞いてよ～」と始まる。

内容は止めどない愚痴。「全く、お互い、大変ね」。仕事で上手くいかなかったり、同僚や先輩と反りが合わなかったり、勘違いされてあることないこと言われたり、自分の不甲斐なさに辟易（へきえき）したり。二人して業を煮やすこともあれば、「いやそれはあなたもおかしいよ」と議論を交えることもある。

わたしたちの愚痴は絶妙にバランスが取れている。彼女が重めの愚痴を言えば、わたしは二十秒で終わるようなふざけた愚痴を言う。それでお腹を抱えて笑ったら次はわたしの番。本気でしんどいよう、とこぼせば、真剣に聞いてくれたあと、急に掌（てのひら）を返して全力でいじってくる。決して重くならないのがわたしたちのいいところだ。そうやってぽんぽん会話をしていると、たまにびっくりするような名言や真理が飛び出して、二人同時にハッとする。わたしたち高校生だったのに、こんなこと言えるくらいには大人になっちゃったね、としんみりすることもしばしば。

彼女はわたしと友だちでいることを周りに隠している。嬉しいことに、何も知らずにわたしの話になったりするそうだ。それを嬉々として報告してくる。別に隠さなくてもいいんだよといつも言うのだけれど、頑なに言わない。そんな彼女だからわたしは安心して愚痴を吐ける。いい友だちを持った。

でも例外的に、彼氏にはわたしのことをすぐ話す。そういうところ、可愛いなと思う。ちなみにわたしはその子の歴代の彼氏ほぼ全員とビデオ電話をしている。そして親友らしく、「泣かせたら許さんぞ」と脅す。まあわたしが脅したとて、泣かされる時は泣かされるもので。そしたらまた愚痴電話がかかってくる。

ずっと、愚痴るのは悪いことだと思っていた。でも今は胸を張って「愚痴のすゝめ」を説きたい。相手とＴＰＯを弁（わきま）えさえすれば、いいのだ。むしろ心の健康のために、時には愚痴るのがいい。ただし、悪口と愚痴は違う。「いい愚痴」、吐いていきましょ。

叩く

わたしの好きな音。

檜のまな板に包丁がトントン当たる音。ドラマや映画の現場で三脚からカメラを外す時のカチャッという音。小気味よいチッコッチッコッという車のハザード音。ＬＩＮＥを送った時のしゅぽって音。なかでもダントツは、ノートパソコンのキーボードをカタカタ叩く音だ。

今いい具合に爪が伸びていて、ことさら素敵な音を鳴らしながらエッセイを書いている。明日撮るシーンはきっと手が大写しになるから、今夜中に切ってしまわないと。そう思うと一音でも多く楽しみたくて、自然とタイピングの速度が上がる。誤字脱字が増えてデリートキーを押しまくるのも音のためならよしとする。

わたしのマネージャーさんはタイピングがべらぼうに速くて、もう五年ほど一緒にいるのにいまだに笑ってしまう。速いだけじゃなくて力強さもあるので、少し離れた場所でパソコン作業をしていても、音を頼りに居場所を見つけることができる。たくさん文字を打って交渉や打ち合わせをして、感謝したり謝ったり頭を悩ませたりしてきたことが、淀みないタイピングから伝わってくる。ありがたい。本当にありがたい音だ。

音の好みにはいろいろあるけれど、タイプ音が好きな人って結構多いんじゃないだろうか。同志がいたらぜひお勧めしたいのが、ルロイ・アンダーソン作曲の「The Typewriter」という曲。タイトルであるタイプライターが楽器となってオーケストラとともに音を奏でるのだ。タイプ音のみならず、改行のチン！ という音やレバーを引くシュッという音も曲の一部になっている。本物のタイプライターを使って演奏される様子がとても楽しいので動画を探してみてほしい。それにしてもいったいどんな楽譜になっているのだろう。見てみたいし、やってみたい!!

ちなみにこの曲、中学校の掃除の時間に流れていたので、聴くといつもソワソワする。家の掃除をする時流したら捗(はかど)るのかも。今度やってみよう。

赴く

　作品に入る前に、その舞台となる土地やモデルになる場所を訪れるのが好きだ。もはや習慣になってきたので、それができない時はソワソワしてしまう。ミュージカル『ナイツ・テイル─騎士物語─』の前はギリシャに行こうと試みたけれど流石に無理だった。あの時は結構本気で悔しかった。

　特に実在した人の足跡を辿る時は、なんとも言えない感動がある。舞台『組曲虐殺』の前に小樽を訪れた時がそうだった。わたしが演じた田口瀧子さん（本名・田口タキさん）は、小説家の小林多喜二を深く愛し、愛された人。時代の波に互いの仲を引き裂かれ哀しい運命を背負うことになっても、強く健気に生きた、わたしにとっても思い入れの強い女性だ。

　小樽に行く前に下調べをしていたところ、二人の定番のデートスポットだったという神社が見つかったのでそこに行ってみることにした。

　うだるような暑さのなか、小樽のメインストリート・境町通りを進む。奇しくも風鈴祭りとアカペラフェスティバルが同時開催されていたその日、通り一帯は若者とカップルでごった返していた。そのなかを一人黙々と進むと、前方右手に細い路地。ここだ！　誰も曲がらない道を右折する。ガイドブックに載っていない場所に行く、この特別感がたまらない。

長い石坂を上る。だんだん道が細くなる。二人も肩を寄せ合って、今のわたしのように息を荒くしながら歩いたのだろうか。五分ほどすると階段が現れ、上った先がお目当ての神社だった。人が一人もいない。セミが控えめに鳴いている。さっきまでの暑さと喧騒が嘘のような、涼やかで神聖な場所だった。確かに二人はここにいたのだ。拝殿の前で長いこと手を合わせていた。吹き抜ける風を頰に感じながら、しっかり演じます、と挨拶した。

神社は小高い丘の上にあって、へりのところから小樽の海が見渡せた。柵に腰掛けてしばらく景色を眺める。多喜二さんとタキさんが眺めたであろう景色を。あんまり綺麗だったので写真に収めようとフィルムカメラを取り出すと、暑さにやられて動かなくなってしまっている。仕方がないので目に焼き付けた。おかげで今もはっきりと思い出すことができる。

舞台の稽古中や公演中、幾度となくその旅のことを思い出した。土や水の感触、風の肌触り。実際にその土地を踏んで感じたことは、揺るがない記憶として心の支えになってくれる。

この手の旅にはいつも一人で行く。でも独りではない。演じる役が行くべき道を案内してくれるのだ。この先どんな役がどんなところに連れて行ってくれるのだろう。一人旅の顔をした二人旅は、これからも続く。

住む

着いた！　朝ドラの撮影期間中に住むお部屋に着いた！　長期滞在の時、わたしは迷わずウィークリーマンション生活を選ぶ。

うん、とても居心地のいいお部屋だ。どんつきの角部屋ってだけでもう満点。

送っておいた荷物が届くまで、ゴロゴロ引いてきたスーツケースの荷をほどく。生活必需品はほとんど段ボールに入れてしまったから、中身はもっぱら装飾品。ゆるいキャラのクッション、お気に入りの木箱、好きな本や漫画、卓上カレンダー、木彫りの置物。心地いい場所に配置していきながら、ああやっぱり持ってきておいてよかったなあと思う。どれもスーツケースのなかですごく場所をとったので、クッションなんかは何度も選抜漏れしかけたのだけれど、詰め込んで正解だった。現に今そのクッションを抱えてこの文章を書いているもの。ここから始まる長い一人暮らしのなかで、こういう一見「ナンセンス」なものたちに、救われる瞬間がきっと来る。わかっているのだよ、自分のことは自分が一番。

この部屋で台本を読んで、毎日安子を思うのだ。パッキリ目覚めたり、寝坊しかけたり、いろんな朝を迎えることだろう。幸せに満たされて帰る日もあれば、どん底まで落ちてベッドに倒れ込む日もきっとある。どんな日であれ、どんな心であれ、ここに帰ってくる。

部屋とわたし、深くて濃いお付き合いになるな。どうぞよろしくお願いします。

お、荷物が来た。今日中に全部片付けないと最後まで放っておくことになるだろう。わかってるんでしょ、自分のことは自分が一番。

生きる

忘れもしない。メキシコに住んでいた時、あれはアカプルコという町からの帰りだったろうか。家族旅行の帰りの車で、当時七歳だった妹が突然泣き出した。なんの前触れもなく、火がついたように。

みんな驚いて「どうしたの」と聞くと、しゃくり上げながら「わたしはいつか死ぬの？」と言った。「お父さんもお母さんもお姉ちゃんもいつか死ぬの？」と。

その姿を隣で見ていたわたしも、もらってしまって、「死にたくない。怖い。死なないで」と泣き出した。暮れ始めた空の橙色がやけに不気味に見えたのと、隣を走る車がおしりのところにキリストの絵を掲げていたのを妙に覚えている。結局両親が何を言っても効かなくて、しばらくの間わたしたちは仲よく泣き続けた。

あれくらいの歳の頃はこういうことがよくあった。「死」に対する恐怖に突然襲われることが。すごく幸せな時にそういう気持ちになることが多かったような気がする。大好きなこの人と二度と会えなくなってしまう日が来るということが、とんでもなく恐ろしかった。

最近のこのご時世のなか、命に向き合う時間が増えた。心臓が止まってしまうことも、心臓を止めてしまうことも、これほどにもあっけないことなのかと思った。それを見届け受け止めることの困難さもひりひりと痛感した。こんなにしっかり生きているけれど、いつその時が来るかわからない。いつも隣り合わせなのだと。

何かの本で、「どの会話がその人との最後になるかわからない。だからどんなに最低な日でも、別れ際は気持ちよく手を振りたい」というような内容を読んだことがある。以来それをすごく意識している。毎回「最後かもしれない」と思っていると気がもたないので潜在意識にとどめているが、ちゃんと目を見て笑って「さようなら」を言うようにしている。後味の悪い別れが今生(こんじょう)の別れになってしまったら、悔やんでも悔やみ切れないだろう。

あの時と同じくらい、今も「死」が怖い。いつかは必ずその時が来る。それがやっぱりとても怖い。だからわたしはいつだって生きることを望んで、生きられるだけ生きたいと思う。

立ち返る

久しぶりに、『舞妓はレディ』の台本を引っ張り出して読んだ。たまにこういう時がある。過去の作品の台本を引っ張り出して読む時。それは大抵、何かにすがりたい時だ。

　台本には現場のすべてが刻まれていて、開いて読むだけでいろんなことが蘇ってくる。このシーンが楽しかった。合間にこんなことを話した。上手くいかなくて落ち込んだ。怒られた。暑かった。寒かった。書き記されていない、いろいろなこと。

『舞妓はレディ』の撮影中、スタジオの巨大な扉を開け放って、スタッフ・キャストみんなでバーベキューをしたことがあった。あの時間は忘れられない。撮影でしか顔を合わせていなかったみなさんのオフの姿が貴重だった。みんなお酒を飲んで酔っ払って、大きな声で笑っていた。わたしはジュースを飲みながら雰囲気に呑まれ、ほろ酔い気分になって各テーブルを渡り歩き、やはりたくさん笑っていた。

　照明の長田（おさだ）さんはとても楽しい人で、軽妙な駄洒落（だじゃれ）で現場を和ませてくださるムードメーカーだった。その長田さんがベロベロになって、わたしに渾々（こんこん）と言った。

「お前は本当に頑張ってる。それ見ると俺らもな、頑張らないとって思うんだよ。本当に頑張ってる。頑張ってるな」

それを聞いてとても嬉しかった。初めての主演で、周防正行（すおうまさゆき）監督の作品で、誰にどう思われているかなんて気にする余裕もなくガムシャラだった。それを全部肯定してくださったような気がして、これでいいんだと漠然と思った。

今の自分はどうだろう。

あの頃より仕事に慣れて、周りを見る余裕が出てきたのは確かだ。でも最近それが行きすぎているかもしれない。周りを気にするあまり、ガムシャラになることが足りていないのかもしれない。これが最近なんだか上手くいかない理由かもしれない。

周防監督の愛がたっぷり詰まった脚本を読みながら、気づいたらほろっと泣いていた。時計に目をやると日付を越えている。ふとカレンダーを見て驚いた。なんと今日は、周防監督のお誕生日。

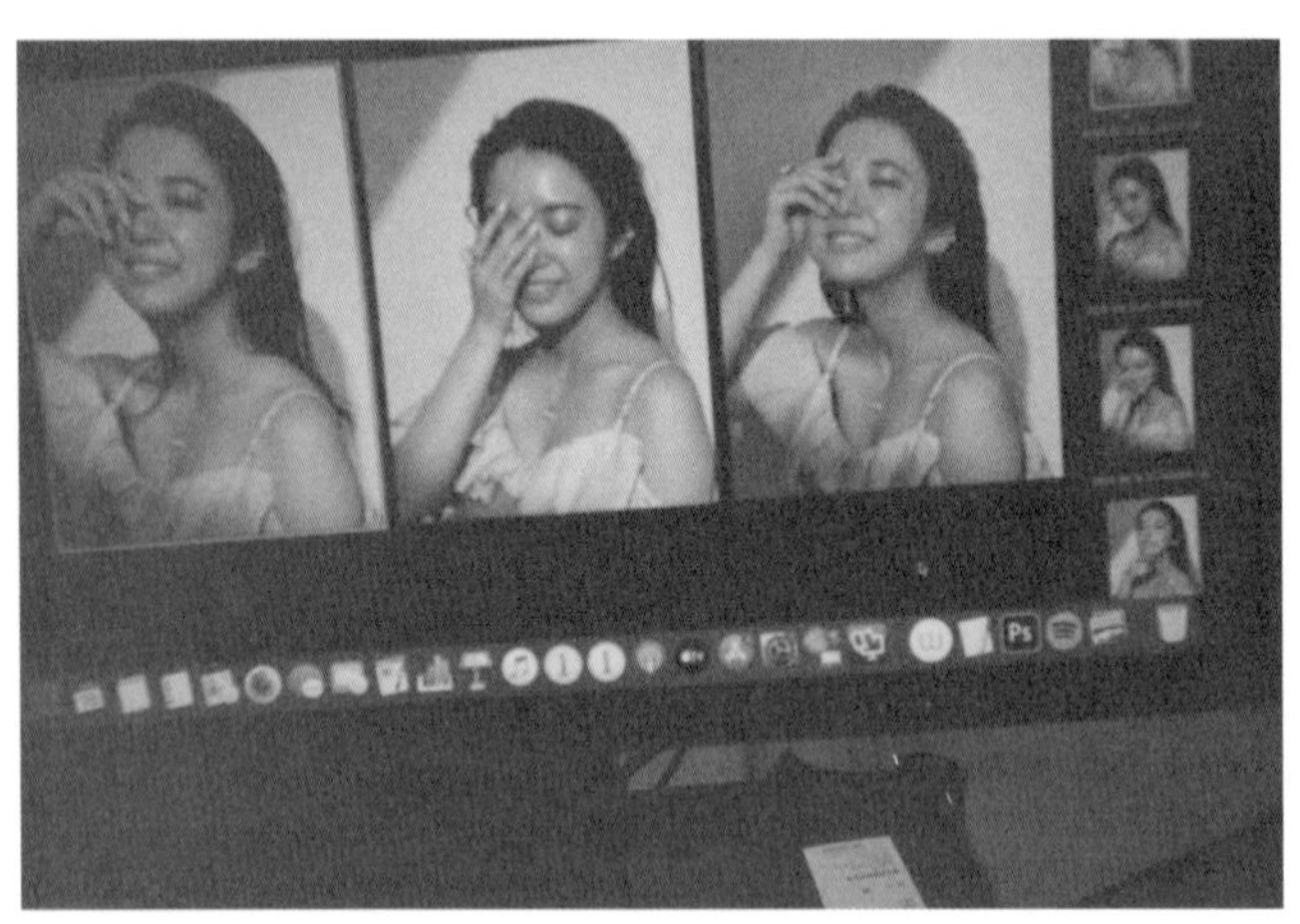

わたしの〝萌音さんの色〟

青色

萌音さんとお話ししていると、柔らかく穏やかななかにも芯のあるものを感じます。青色も、明るく優しい印象の青もあれば深い色もあり、萌音さんの見せる表情と似たものを感じました。

「テレビ越しでも癒やしオーラ抜群の萌音さん。拝見できた時は、勝手に嬉しい気持ちになってます。多忙かと思いますが、陰ながらこれからも応援しています。」

アパレルメーカー勤務・S.N.

（萌音さん愛用のお洋服の元担当販売員）

若く未熟なことを「青い」と言うけれど、青ほど一生肌に合う色はないとも思う。歳を重ねるごとに濃淡を変えながら。そんな人間になりたいものです。

Sさんに五年ほど前に選んでいただいた青いワンピース、今も大切に着ています。おかげさまで、いったい何着のお気に入りと出会えたことでしょう。

真っ白な心でお洋服を愛していらっしゃって、小柄でもファッションを楽しめることを教えてくれた人です。会いたいよ～！

――― 萌音

5

めくる

本の表紙をめくった先にある、改めてタイトルが書いてあるページを〈扉〉という。なんて、なんて素敵な名前なのだろう。扉を開くと世界が始まる。たちまち異空間に足を踏み入れることができるのだ。

幼い頃から、本が大好きだ。きっかけは小学校の図書室の先生だった。その名をなんと本田（ほんだ）先生とおっしゃる。穏やかで笑顔が優しい、本棚の木の香りが似合う先生。先生のお勧めの本はどれも素敵だったし、その柔らかい声で読み聞かせをしてくださるのも大好きだった。わたしは本を借りに行くというよりむしろ、先生に会いに図書室に行っていた。先生のような大人になりたくて本をたくさん読むうちに、気づけばこんなに読書が好きになっていた。

鞄のなかには必ず本が一冊入っている。どう考えても本を読む暇なんてなさそうな日でも必ず。旅行に行く時は二、三冊、長期滞在なら五冊以上。そうじゃないと落ち着かない身体になってしまった。

本を読む時わたしはかなりせっかちになる。次にどんな言葉が続くのか気になってしょうがない。早くページをめくりたいから、左手の親指と人差し指は常にページの角にかかっている。左へ左へとどんどん進んでしまいそうな視線を落ち着かせ、逸る気持ちを必死で抑えながら、一行一行じっくりと読んでいく。実はかなりの忍耐力を要する時間なのだ。

その本が好みであればあるほどじれったさは増す。各章の最初に挟まっている〈中扉〉などはもう蹴破って進みたくなる。それと同時に、終わりに向かっていることへの寂しさも生じてくる。左手に感じる残りのページ数が、めくるたびに減ってしまうことが切ない。先に進みたいけれど終わりたくないというジレンマ。こんなに愛しく可笑しいジレンマが他にあるだろうか。

いつか書斎を持つのが夢だ。四方の壁を一面本棚にして、可動式の梯子(はしご)をかけたい。好きな本やこれから好きになる予定の本に囲まれるのだ。立ち入り禁止にはしない。誰でも入ってきて、読みたい本を読んでいいことにする。本当にその本を気に入ったなら自分のものにしてもらっても構わない。読みたくなったらまた迎え入れればいいだけの話だ。〝来る本拒まず、去る本追わず〟のフリーダムな書斎。うん、なかなかに素敵じゃないか。

世界には本が溢れていて、一生かかってもすべてを読破することはできないというところに、壮大なロマンを感じてしまう。どの本を選ぶかは、全部自分次第なのだ。そう考えると、本との出会いは人との出会いに似ている。その人はわたしの知らないことをたくさん知っているから、人生の先輩ということになる。この世には面白い先輩がごまんといるものだから、今日もページをめくる指を止められない。

失くす

これまでわたしは、比較的語彙力がある方だと自負していた。語彙力のある人間であろうと努めてきた。でもその夜の出来事で自信を失くしてしまった。

大好きなアーティスト、大橋トリオさんのライブに行った。場所はＮＨＫホール、延期されていたライブがついに。ライブ映像は拝見してきたものの、生では聴いたことがなかったので、何ヶ月も前からこの日を楽しみにしていた。厳密に言えば二〇二〇年七月二日、大橋さんが提供してくださった『Little Birds』という曲のレコーディングの日にお誘いを受けてから。

それはもう本当に素敵なライブだった。至高の音楽だった。天才ミュージシャンであるみなさんお一人お一人から目が離せなくて、笑っちゃうくらいかっこよくて、泣けるほど響いた。

さてここからが問題。お世話になっている方のステージを見たあとには、「楽屋挨拶」というものが存在する。さっきまでステージ上にいて、あまたの観客から喝采を浴びていた人と、急にマンツーマンになるのだ。これにはいつまで経っても慣れることができず、毎回非常に緊張する。

しかし最近、コロナの影響でなかなか楽屋挨拶ができなくなっていた。だから今回もお会いできないだろうと、半分落胆して、半分ほっとしていた。ところがなんと今回はお会いできるというじゃありませんか。ブランクがあるのに加え完全に油断していたため、普段よりも高鳴り出す鼓動。

そこへついにご本人が登場。そうしたらわたしは何も話せなくなった。感情が脳内を堂々巡りして出口を見つけられない感じ。「あの、あの。すごく楽しかったです。もうずっと楽しかったです。あの……」、これだ。優しい大橋さんが穏やかな笑みを浮かべて根気強く言葉を待ってくださったのでなんとかお伝えできたけれど、あれにはわたしも驚いた。人はここまで言葉を忘れることができるのかと。

帰り道マネージャーさんに、「すべての語彙を失くしてたよ」と失笑された。ちょっと本読んでるからってその上にあぐらをかいていた。実用的な語彙力は、強い精神力に宿るようだ。

1/100
T 2.0
4/10
800
ND 0.6
5600 K
+0.0 CC
A
A002 C002
0:18 h
10:08:36:05

写る

昔から写真を撮られることが苦手だ。何も考えずカメラの前に立てていたのは六歳くらいまでじゃないだろうか。それ以降に撮られた写真にはどこか気恥ずかしさが滲んでいる。表情には出していないつもりでも、感情の記憶をごまかすことはできない。

写真が苦手なわたしが、写真とは切り離せない仕事につこうとは、不思議なものだ。始めたての頃は「きっと場数だよね」などと言い訳していたけれど、十年経っても一向に慣れる気配がない。むしろ臆病になる一方のような気がする。

レンズを向けられた瞬間、笑い方を忘れる。歩き方も振り向き方もよくわからなくなる。「あれ、わたしってどうやって動いていたんだっけ」と、何もかもがわからなくなってしまうのだ。

でもそんなことを言っていては仕事にならないので、わたしなりに緩和法を蓄えてきた。はじめはガチガチに固まってしまっても、時間内に溶かす術（すべ）を身につければいいのだ。同じくカメラの前で上手く笑えない誰かの力になれればと、その方法をここに記してみる。

まずは普段よりも深めに呼吸をする。撮られている時って息が止まっていることが多い。気持ちいいなと思いながら吸ったり吐いたりしていると、心身が緩みリラックスできる。シャッターを押される瞬間に鼻からゆっくり息を吐くのがベストタイミング。……なんて偉そうに書いているがこれは受け売りだ。「写真写り　よくなりたい」で検索しました。わたしも必死なのよ。

自分なりに編み出した方法があるとすれば、それは撮影者と話すということだ。撮られるということは、レンズ越しとはいえ、その人と目を合わせるということ。だから写真にはその人に向けた表情が写る。もし緊張する相手なら、他愛のない話をして、二人の間に流れる空気を和らげるといい。実際にプロのカメラマンさんはよく雑談をしながら撮影を進める。ファインダーを覗いているその目に向かって笑ってみると、上手くいく、ような気がする。

今日はエッセイのための写真を撮っていただいた。カメラマンは大好きな山本あゆみさん。あゆみさんはいつも、「お散歩に行く気持ちで撮影に来てくださいね」とおっしゃる。この言葉でわたしのドキドキは鎮(しず)まる。いつもなんの準備もいらない。あゆみさんが構えるカメラの前では自由に呼吸ができるし、自在に動き回れる。結局なんでも人と人との心の交流で出来上がっているんだなと思う。このエッセイに写っているわたしは、あゆみさんが切り取ってくださったありのままのわたしです。

違える

トイレットペーパーの取り替えってどうも上手くいかない。取り付けて、軽く糊付けされた先端をぺりっと剝がすと、大抵思っていた向きと反対になっている。あれ、地味に悔しい。

糊付け部分をよく観察したのちに自信を持って向きを決めても逆になるのはどうしてだろう。いつも失敗するから今回は裏をかこうと思って、敢えて自分が思うのと逆の向きではめてみても、なぜか失敗する。取り付ける前にぺりっとして向きを確認すればいいのだろうけど、でもそれはハンディ勝ちになる気がしてなんとなく癪だから嫌だ。

今日も現場のお手洗いで失敗した。最近何も考えずに交換しても必ず逆になるから、ここまで来るともう一種の特技みたいに思えてくる。わたしはトイレットペーパーの逆さ付けが得意です！　悔しいです。

さて、役者というのは実に不思議な職業で、すべての経験が糧になると言われている。喜びも悲しみも、挫折も成功も、日常の些細な出来事さえも。味わう感情に無駄なものは一つもない。全部大切に覚えておけば、いつか演技の引き出しとして役に立つのだと。

　それならばトイレットペーパーに対するこの思いも、いつかお芝居に活かせる日が来るかもしれない。次また失敗した時は、苛立ちも悔しさも、じっくり丁寧に嚙み締めてみようと思う。

オフる

会話のとっかかりの定番、「休日は何をしているんですか」。いつも当たり障りのない回答をするけれど、ここには本当のわたしの姿を記しておくとしよう。

先に断っておくと、これからお読みいただくのは、課題も締め切りも覚えるセリフも何もない時の、《ぐうたらバージョン》である。

まず、寝たいだけ寝る。アラームをかけずに限界まで。〝寝溜め〟は科学的に存在しないという記事を読んだことがあるけれど、科学的にはそうだとしてもわたし的には存在する。これは気持ちの問題だ。

起きる。寝たいだけ寝ようと決めたのは自分なのに、置き時計を見て愕然（がくぜん）とする。

基本的に、わたしの休日に〝午前中〟は存在しない。

ブランチと呼ぶには遅すぎて、ランチと呼ぶにはゆるすぎる食事をぼんやり作り、ぼうっとしたまま食べる。

そしてひたすら怠ける。ソファで録画を見たり、不意に歌ってみたり、床に転がって本を読み耽ったり。それに飽きたら昼寝をする。さっきまで寝ていたのに。これに関しては自分でも少しおかしいと思う。

そうこうしているうちに日が暮れる。さすがに怠惰が過ぎる、と奮い立つ。そして洗濯機を回しただけですっかり満足してまたソファに戻る。こうして一日が終わっていく。

この前、現場で支度中にメイクさんが「オフってさ、前日の夜が一番盛り上がるよね」と言った。ああ、正論だ。「明日は八時に起きて朝ごはん食べに行って、映画観て買い物してマッサージに寄って帰って家事片付けて台本読んで夜十時には寝よう！」そう思っている時が一番楽しい。しかし往々にしてこの理想は現実にはならない。机上の空論。広げすぎた大風呂敷。

保身のためにもう一度断っておくと、これはあくまで《ぐうたらバージョン》だ。全部が計画通りに進む、《素敵女子バージョン》も時には存在するということをしっかり頭に入れておいていただきたい。でもなんだかんだ言って、ここに書いたのがわたしにとっての最高の休日だったりする。

明日からまた頑張るのだから。ぐうたらして何が悪い。

入る

うららかな春の日。ついに、『カムカムエヴリバディ』のクランクインを迎えた。「晴ればれ」という言葉がぴったりの空模様。このドラマは「太陽」が一つのキーになっているので幸先がいい。朝もパッキリ目覚めて、朝食もしっかり取った。いい朝を届けたいなら、まず自分がいい朝を過ごさなきゃ。

安子が暮らす商店街のオープンセットに足を踏み入れると、本当にタイムスリップした感覚になった。瓦屋根の平屋に、色とりどりのレトロな看板。道ゆくキャストの方々は、和洋それぞれの着こなし。時代の変化のあわいという感じがなんとも粋で味わい深い。「いいなあ、いいなあ」と呟きながらしばらく歩き回っていた。

それにしても今日は、「わたしたちって日本人なんだなあ」ということを改めて実感した。だって昭和初期の扮装をしてしまえば、すぐにその時代に馴染めてしまうんだもの。資料写真で見た当時の様子と比べてもなんの違和感もない。暮らしの様子はずいぶん変わったけれど、中身はおろか、見た目もほとんど変わっていないのだな。そう思うと、連綿と続く命のリレーがとても愛おしく感じられた。

『カムカム』チームには、その名の通り、来るものを拒まない器の大きさとカラッとした明るさがある。初日なのに（初日だからこそなのかもしれないが）、みなさん、ずっと前からわたしを知っているかのように接してくださる。一日の撮影が終了した時に、「安子さん、初日、お疲れ様でした〜！　わ〜！」と大拍手が起こるなんて、初めての経験だった。この調子だとクランクアップの日にはどうなってしまうんだろうか。始まったばかりなのに終わりの心配をしてしまうほど、すでに居心地がいい。

安心感この上ないキャスト・スタッフのみなさんの胸をお借りして、激動の時代を、ひたむきに朗らかに歩んでいこう。今日のこの新鮮さを保ったまま、想いを重ねていこう。素敵なスタートを切ることができて、今夜はぐっすり眠れそうだ。

観る

美術館に行くのが好きになったのは、短編小説集『常設展示室』を読んでからだ。絵を描く人、それを美術館に展示する人、そこで絵と出会う人、それぞれの縁が絡み合う物語にとても感化された。

その著者である原田(はらだ)マハさんと、今日、美術館に行った。お仕事ではなくプライベートで。ああ、なんてこった。

わたしがマハさんを好きだとテレビで話したところ、それがご本人のお耳に届き、『常設展示室』の帯を書かせていただくことになったのがご縁の始まりだった。そして京都の清水寺でマハさんがアート展を企画された二〇一九年の秋、「よろしければ観にいらっしゃいませんか」と声をかけていただいた。迷う理由はなく、翌朝新幹線に飛び乗った。それが忘れもしない初対面だった。

初めてお会いしたマハさんは、それはそれは素敵な人だった。物腰が柔らかくて知的で佇まいが凛(りん)としていて。夢中で読んだ言葉が、この方によって紡がれているんだと感動した。そして、この方だからあんなに素敵な言葉が紡げるんだと納得した。マハさんの影響を受けて美術を好きになったことを話すと「萌音ちゃんが旗を振って、若い人たちを美術館へと誘ってあげてください」と喜んでくださった。恐縮しながらも、そんなことができたら素敵だなと思った。そして「いつか一緒に美術館へ行きましょう」と約束してくださった。さらに恐縮しながらも、そんなことができたらもっと素敵だなと思った。

それから事あるごとに連絡を取り合っていたのだが、ついにタイミングが合い、今日ようやく念願が叶ったという運びだ。

訪れたのは、アーティゾン美術館の『琳派と印象派』展。日本と西洋の美術を並べ、必然的とも偶然的とも言えるその関係性を紐解く、画期的な展覧会だった。贅沢なことに、マハさんがお隣で絵を解説してくださった。我ながらよく理性を保てていたなと思う。著書『風神雷神 Juppiter, Aeolus』の題材にされている俵屋宗達の「風神雷神図屛風」の前では、絵の素晴らしさと、これをマハさんと並んで観ているという嬉しさのダブルパンチを喰らい、しばらく呼吸を忘れた。

なんだか美術館のワンランク上の楽しみ方を教えていただいたように思う。一点一点の作品と向き合うのはもちろん、マハさんは空間をも楽しんでいらした。絵の配置や、部屋全体の使い方、そこに流れるストーリーを大きく捉え、心で対話をしていらっしゃるように見えた。知識と感性があるからこその楽しみ方にとても憧れた。マハさんの「好きなもの」に対する想いは、とても熱く誠実だ。その熱量をずっと保っていらっしゃるからこそ、素晴らしい作品を生み続けることができるのだろう。芸術家のことをまるで親友のように、恩師のように、恋人のように語る姿を見てそう思った。

いつかマハさんの住むパリに遊びに行きたい。もしかするとその日は、京都に急行したあの日のように、突然訪れるかもしれない。その時たくさんのことを感じられるように、心の畑をこつこつ耕して柔らかくしておこうと思う。

並べる

苦節一週間。うち最終追い上げにおよそ五時間。ついにカバーアルバムの曲順を決めた！　ふう。関係者のみなさまを散々お待たせしてしまったことについて、ここに深くお詫び申し上げます。反省しています。大変申し訳ありませんでした。

曲順決めはいつも本当に悩む。アルバムもそうだし、ライブのセットリストも。思えばプライベートでプレイリストを作る時も真剣勝負だ。

大体の場合、まずは最初と最後の曲を決める。どの曲で幕を開けるのか、もっと言えば、どの音で始まりを告げるのかは、アルバムやライブ全体の印象に大きく影響すると思う。そして聴き終わったあとどんな気持ちになってほしいかも大事。ちなみにわたしの声は眠りを誘うとよく言われるので、最後の一曲で寝かせにかかることが多い。

次に間の流れを作る。ここからが本当に悩ましい！　わたしは物語が好きなので、一枚を通してなんとなくのストーリーを作りたいと思ってしまう。ハッピーに始まって少し気落ちしてまた持ち直すのか、一人の人間の成長物語っぽくするのか、朝起きてから寝るまでの時の流れを作るのか。いろんな筋書きのもと、何パターンもの展開を考える。

また前後で曲を呼応させてみたり、ガラッと印象を変えたいなと思ったり。曲の終わりの音から、次の曲の始まりへの接続にも拘りたいので、ラスト十秒～次曲を行ったり来たりしまくったり。そうこうしていたら、新たな一曲目候補が現れたりもして、また最初からやり直し、なんてことも。非常に地道で、非常に楽しい時間だ。

そうやって曲順を決める苦労を知ってからは、アルバムを聴く時どうしても曲順通りに聴きたくなる。このアーティストさんはどんな気持ちで曲を並べたのだろう、と思いを馳せながら、唸ったり、驚いたりしながら。

なんてことを言いつつ、この並べる楽しさを知ってほしいなとも思う。ぜひ一度、お好きなアルバムで、曲順決めをしてみていただきたい。少しの変化が、全体のイメージチェンジになる、その魔法のような瞬間を味わってみてほしい。聴き馴染んだ曲も、新鮮に聞こえるかもしれない。

参る

思い切って書いてしまうけれど、このお仕事をしていると、「言葉」に殴り倒されることがしょっちゅうある。顔も名前も知らない、会ったこともない誰かの言葉に。

貶(けな)し、嘲(あざけ)り、深読み、詮索。もちろんそれは一部に過ぎないし、自意識過剰な部分もあるだろう。でもそういう負のパワーを持った言葉は、他の優しい言葉たちのなかで痛烈に光る。暗闇でいきなりフラッシュを焚かれたような感覚になる。その不快感と、心臓に来る衝撃と、しばらく残像が消えないしつこさ。何度味わっても、毎回ちゃんと痛い。ちゃんと泣きたくなってちゃんと腹が立つ。「有名税」なんて単語には、なんの正当性も感じない。

〝有名人〟に出会うたびに思うことがある。みんな、ふつうの人だ、ということ。圧倒的なオーラにくらくらしたり、無二の才能に脱帽したりしながらも、ああこの人もわたしと同じようにお腹がすいたり眠くなったり興奮したり退屈したりするのだな、と思う。そして、この人も理不尽に傷つくことがあるのかなと想像すると、悲しさと憤りが腸(はらわた)のあたりをゆらゆらする。

たぶん鋼（はがね）の精神は手に入らない。自分は商品で、寄せられる言葉はそのレビューなのだと割り切ってみても、痛みまでは切り離せない。上手く付き合っていくしかないのだろう。

傷つくのは嫌だけど、傷つくことができている自分にホッとしたりもする。まだ痛覚が麻痺していないことに安心するのだ。もう、いよいよよくわからない。

変なの。これって本当に変だと思う。

宿る

いつかじっくりとお母さんの役をやりたいと憧れてきたが、『カムカムエヴリバディ』で思っていたよりもうんと早く夢が叶った。

今日、初めて妊婦さんのシーンを撮った。扮装であるとはいえ、自分のお腹が大きくなるというのは、想像以上に感動的で不思議な体験だった。

自然と両手がお腹に行って、気づけばずっとトントンしたりさすったりしてしまう。立ち座りの時すごく慎重になるし、走るなんて考えられない。気持ちが落ち着き、口調も柔らかくなって、今ならどんなことを言われても大きな心で受け止められそうだと思った。そしてお腹周りの厚くなっているところは体温が上がるので、それがそのまま命の温もりのように感じられてきて、本当にここに子どもが宿っているんじゃないか、とすら思ってしまった。

文字に起こすとだいぶ大袈裟だけれど誇張はしていない。わたしが単純すぎるのかしら。でもきっと分かち合える人がいるはずだ。

それにしても妊婦さんの毎日は本当に大変なのだろう。今日一日の撮影だけでもう肩と腰がバキバキなのに、実際は十月十日もの間、自分の身体のなかにもう一つの命を抱えるなんて。はちきれんばかりの期待と不安、刻々と変化する体調、それに伴う心の動き、どんどん膨らむ愛情……。いくら想像を膨らませても、及ばない気がする。

それでも今は最大限に想像力を働かせて、母親を生きてみる。いつかこれが現実になって、答え合わせができる日が来るだろうか。そうなったら、今のわたしはいったい百点満点中何点もらえるのだろう。

みんな、お母さんのお腹から生まれてきたんだなと思った。みんな、誰かと繋がっている「命」なんだと。もっと人を大切にしたいし、自分のこともちゃんと愛さなきゃ。

なんだか無性に、母に会いたくなってきた。

黒

可愛らしい見た目とは裏腹に、何色を重ねても染まることのない、安定感と芯の強さと心の美しさを感じるからです。美容室という場所でも萌音さんのまま、みなさんが知っているそのままの方です。ここまで裏表がない方は一般の方でも珍しいと思います。来店時、萌音さんの靴はいつも黒な気がします。

「

誰よりも忙しいはずなのに、自分に対してプロとして厳しく、どんな人にも優しく笑顔を絶やさない萌音さんのことを尊敬せずにはいられません。陰ながら応援しております！

」

BUNTA

（美容師・萌音さんが通う美容室でヘアカットなどを担当）

裁判官の法服が黒いのは、どんな色にも染まらない公正さを表しているからだと知ってから、黒には憧れがあります。何色にも染まれる真っ白さと、何色にも染まらぬ真っ黒さを併せ持てたなら。

わたしが思うBUNTAさんはまさにそんな人です。自分のペースをしっかり保ちながら、歩調を合わせてくださる人。

ちなみに黒い靴ばかり履いているのは、何色の服にも合わせやすいからです。……わ、そう考えると、黒ってすごい色。

——— 萌音

始める

年末になると激増する質問がある。「来年挑戦してみたいことは何ですか」というものだ。この質問は実に悩ましい。挑戦してみたいことなんてどんどん減っていくし、そもそも挑戦より安定を取る性分だ。いつも黙り込んでしまう。

しかしお忙しいなか取材していただいているのに「ありません」なんて言えない。だから毎年絞り出す。二〇二〇年は「漫画です」と答えた。理由は特にない。ふと思いついたのだ。漫画って挑戦なの？　ぬるくない？　とお思いかもしれないが、わたしにとってはおおいなる挑戦である。

今までほとんど漫画を読んでこなかった。親にねだった記憶は二度だけ。小学一年生の時、コンビニで立ち読みしてどハマりした『コボちゃん』が一度目。今読んでも面白いので、わたしの笑いのツボは少なくとも六歳から変わっていない。二度目は、七歳でインフルエンザにかかった時、その慰めとして母にねだった『ちゃお』。でもあれは定期購読するものだ。途中参加のわたしにはストーリーがちんぷんかんぷんで、読み切ることができなかった。

以来漫画とはわけもなく疎遠になってしまい、今に至る。漫画原作の作品に出演する時はもちろん読むけれど、それ以外はほとんど触れてこなかった。

満を持して、新年の目標として掲げたのだ。達成しなければ。

そう意気込んで、少しずつ漫画に手を出し始めた。「次どのコマに進めばいいかわからない」という本当に低いレベルからのスタートだったけれど、この頃はそんなことも減ってきた。恥ずかしながら、漫画といえば「ドシャンガシャンドガガガガ」みたいなものか「ドキドキキュンキュン」みたいなものばかりだと思っていたのだが、こんなに広い世界だったとは。まだまだ新参者だけれど、今のところわたしはシュール路線を邁進（まいしん）している。

漫画を買う時の楽しさの一つに、「前もってなかを見られない」というのがあると思う。小説はペラペラめくることができるけど、漫画は大体ビニールがかかっていて表紙以外はノーヒントだ。装幀やタイトルや帯から中身を想像して買って、さあ実際はどんな感じなの？　と開封する時のワクワクがたまらない。

というわけで、漫画、始めました。ちょっとハマってしまいそう。

料る

料理をすることを「料る」と言うらしい。れっきとしたラ行五段活用の動詞だ。知らなかった。撮影のために関西で一人暮らしをしていることに加えて外食もできない状況が続いているので、自炊の頻度が上がり、料る楽しさを再認識している今日この頃。

台所に立っていると、食材が最優先になる。「このお肉とお野菜を、最高の状態で舌に迎え入れるには」を命題に、ない知識を総動員しネットも駆使して立ち回る。雑念の入り込む隙はない。自分の悩みを煮詰める暇があれば目の前のミートソースを煮詰めなさい、といったところだろうか。考え事が脳内から排除されていくにつれ、胃のなかも空っぽになってぐうぐう鳴りだす。よくできている。

少し前までは洗い物が好きではなかったが、最近はそれすらも楽しい。汚れが落ちていくのは気持ちがいいし、すすいだあとのキュルリとした手触りも好きだ。水切りカゴにきれいに並べていく時も、それを食器棚に戻す時も、パズルをしているみたいですっきりする。億劫に感じていたこの一連の作業に幸せを感じるようになるなんて。こういうのを成長と呼ぶのだろうか。

料る時は独り言が増え、鼻歌もはずむ。ふと我に返った時に「わたし楽しそうだな」と思う。人に振る舞えるほど上手ではないし、手際がいいわけでも、見栄えがするわけでもないけれど、作っている時の機嫌のいい自分は、なんとなく悪くないと思える。

今夜は鮭とたっぷりの野菜をアルミホイルで包み焼きにした。日中これを楽しみに撮影を頑張ったので、「えらい、よくやった」と自分を称えながらあっという間に平らげた。明日の現場には、昨夜煮込んだスープとざっくり和えたサラダを持っていこう。現場に手作りのお弁当を持っていくなんて初めて。ヘルシーなメニューの効果も相まって、できる女感が強い。悪くない。

なかなか上げられない自己肯定感が、包丁を握れば少しだけ上がる。身体だけではなく心の栄養にもなっているみたいだ。コンスタントに自炊ができている時は自分のことがちゃんと見えているような気がする。

「料ら」ずにはいられないので明日も「料り」ます。自分のために「料る」のだ。「料れ」ばハッピー、さあ「料ろ」うよ。五段活用ってこんな感じでしたっけ。

走る

実家にて、メキシコから帰国する時のクラスメイトからの寄せ書きを見つけた。懐かしくて読み返したらとても面白かったので、ここに一部を抜粋する。

「モネは走るのが速かったね。今までありがとう」

「足が速くて、ソフトボールクラブではすごいことをいっぱいしたね」

「日本に帰っても元気に走ってね」

男子からのメッセージが、まるで示し合わせたかのように、「走り」についてのコメントだらけだった。もっと他にもあっただろうよ、と思い返してみる。喧嘩して追いかけまわされたり、追いかけまわしたり、サッカーやらバスケやらでボールを奪い合ったり。なるほど、思い出の大半が走っている映像だ。無理もないか。

ちなみに「ソフトボールクラブでのすごいこと」とは、そこまで飛距離がないヒットをランニングホームランに持ち込んだり、無茶な盗塁を成功させたり、などである。

わたしは子どもの頃からすばしっこい。運動会のかけっこは大体一着を争っていたし、仕事と体育祭が被った日に、紅白リレーだけ走りに学校に行ったこともある。これは完全に父の遺伝だろう。

若い頃陸上に打ち込んだ父は、いまだにしっかり筋肉のついたふくらはぎをキープしている。運動会の前は必ず近所の公園で走りのフォームを修正してもらっていた。今も帰省するたび二人で公園に行って、軽いジョグと数本のダッシュをするのがお決まりになっている。

父の隣を走ると心身が整う。そしていつも、無理をせず自分のペースで足を前に運ぶことを教えてくれる。背筋を伸ばすこと。呼吸を深く保つこと。なるべくドタバタと音を立てずに、少し先の地面を見据えて前に進むこと。こうやって並べてみると、正しい走り方は健やかな生き方に似ている。

M3 あくび
M4 スターチス
M6 From The Seeds
M7 永遠はきらい
MC
M10 ハッピーエンド
M11 ストーリーボード
サブステージへ
MC
M12 夜明けをくちずさめたら
MC
EC1 HAPPY

応える

家のプリンターが上手く動いてくれないので、深夜にコンビニに行くことにした。ネットプリントというのができるらしい。便利な世の中だ。妹に使い方を教えてもらって家を出る。

最寄りのコンビニに着いて早速やってみたけれど上手くいかない。あると聞いていたボタンがないしスマホも反応しない。しばし格闘したあと諦めて店員さんに聞いた。

恰幅のいい外国人の店員さんは振り向いて少し緊張気味に「ネットプリントですか?」と聞き返した。以前何かの番組で、コンビニは宅配や支払いなど業務の種類が多いので、外国人の方々にとってはとてもハードルの高い仕事なのだと紹介されていたのを思い出した。真夜中にドキドキさせてしまって申し訳ないと思いつつ質問する。その方は本当に優しい人で、自分のスマホまで持ち出して説明してくださった。二人して画面を覗き込んで首を捻る。どうやらわたしが入れていたアプリが間違っていたらしい、とわかった時、その人は真っ白な歯を見せて笑った。その顔が眩しくて眩しくて、つられて破顔しお礼を言った。

おかげさまで無事にプリントをし終えてほっと息をつく。レジの奥で作業していた店員さんに紙を見せ、「できました」と声をかけるとその人はまた嬉しそうに微笑んで「よかったです」と言った。心がほっこり温まるのを感じた。

それぞれに状況は違ったとしても、母国語ではない言葉でお仕事をするのは本当に大変だろう。言葉が通じない国に行くだけでもドキドキするのに、そこで働くなんて。ましてや複雑な業務の数々。日本人であるわたしでさえ、レジに立ったらいっぱいいっぱいになってしまいそうだ。心からの優しさで、ゆっくり丁寧に対応してくださったあの店員さんへの尊敬が、時間が経つにつれてじわじわ増してくる。また行ったら会えるだろうか。どうか元気でいてほしい。

おます

大阪のタクシー運転手のおっちゃんが好きだ。新大阪駅に着いてから一番に大阪を実感するのが、タクシーに乗った時。「はいこんにちは、どこへ行きましょう」あの軽快な節回しを聞いた瞬間、「来たなー！」と思う。

「ちょっとだけ窓開けさせてな。寒かったら言うてや。まあ言われてもなんもできへんのやけどな」

もう！　最高！　節々に茶目っ気を入れてくるこの感じ。そんな人たちが集まった都市は、すごくチャキチャキしていて、東京より気温が一度高いような気がする。

それにしても大阪のタクシーのおっちゃんは色とりどりだ。ずっと一人で喋ってはる人、ムッチャ話しかけてくる人、信じられんくらい飛ばす人、寡黙だけどたまにボソッとおもろいこと言わはる人。

みんなこの仕事が好きなんだなあと思う。もちろんいろんな人がいるのだろうけれど、なんだかとても、働くことを楽しんでいる人が多いような気がする。

今日は降車する時のおっちゃんの一言にときめいた。

「忘れ物、おまへんように」

なんて粋な響きだろう。関西弁には人をくいっと引き寄せる魅力があるように思う。その親近感がたまらなく好きで、下手なことは重々承知しながらも、ついついエセ関西弁を使ってしまうねんなあ。

触れる

掌って、時に薬に勝るなと思う。

数日間胃の調子が悪かった時、夜寝る前は特に参ってしまっていたのだけれど、自分の手にとっても救われた。お腹をさすっていると、鎮痛剤でも引かなかった痛みが幾分か和らぐ。自分の体温にホッとして、何かが触れているという実感に安心する。だんだん眠くなってきて手の動きが鈍くなるとまた痛んでくるので、アラアラと思ってまたさする。それを繰り返しているうちにいつのまにか眠りに落ちる。

まどろみのなかで思い出す感触があった。幼稚園児の頃、祖母の家にて。眠る時にいつもお腹をトントンしてくれた、あの手の感触だ。祖母が先に眠くなってくると、生意気な幼いわたしは「ばあば」とその身体を揺すって起こした。嫌な顔一つせずに「ごめんねえ」と起きてくれる祖母の優しさを思い出すと、危うく涙が出そうになってくる。ちょっと硬めの四角い枕。ふわふわした洗い立ての毛布。働き者の祖母の、細くて温かい手。あれを「幸せ」と呼ばずしてなんと呼ぶ。

手をかざすだけで怪我や病気を治してしまう人がいた、なんて伝説を聞くことがあるけれど、あれって本当だったりするんじゃないかと思う。ハンドパワーやゴッドハンドなんていう言葉も、正直胡散臭いなあと思わないでもないが、あながち完全否定はできない。手には特別な力がありそうだ。

肩を落としている人にはそっと手を添えたくなるし、愛おしい人とは手を繋ぎたいでしょう。嬉しい時のハイタッチも、不安な時胸に当てる手も。いろんな感情を、掌でやりとりしてきたなと思う。

何かしらの周波が出てたりして。とかなんとか思いながら、両の手にハンドクリームを塗り込む、穏やかな春の日暮れ。あ、胃はすっかりよくなったので、ご心配なく。

褒められる

書き溜めていたエッセイを初めて四篇まとめて提出した。ふう。まだ鼓動が速い。原稿や歌詞を提出する時はいつも本当にドキドキする。心の内側を覗かれるみたいな、ラブレターを渡すみたいな感覚だ。渡したことないけど、たぶんこんな気持ちなのだろう。

何度も読んで、一晩寝かせてまた読み直して、細かいニュアンスや助詞を直したり戻したりして、やっと送信ボタンを押す。最後はもう目を瞑(つむ)って「せいっ」と送った。くどいようだけれどラブレターもきっとこんな感じなのだろう。

数時間後に編集担当のSさんから感想が送られてきた。なんとベタ褒めだった。嬉しかった。よーしと腕まくりしてそのままもう二篇書いた。驚くほどするする書けた。

夢中で書いて書き終えて、ハッと顔を上げた。もしやこの状態、想定内だったりするだろうか？　褒め言葉にすっかり気分をよくして、こうやって勢いよく書いているわたしは今、掌の上で転がされている状態なのだろうか。八割冗談で、二割本気でそう思った。

もちろん本心からおっしゃってくださっているのはちゃんとわかっている。でもわたしは、褒められるといつもこういう思考回路を辿ってしまう。

褒められた直後は舞い上がり、なんでもできそうな気持ちになる。でも少し経つと、栄養ドリンクの効果が切れた時みたいに、ふと我に返る。あれ、これはもしかして、わたしその気にさせられているんじゃなかろうか。これ、今調子に乗っちゃいけないやつなのではないだろうか。

褒め言葉の受け取り方ってとても難しい。謙遜しすぎると失礼に当たるし、すべてを鵜呑みにしていたら、自分を過信するようになってしまうだろう。自信は必要だけれど過信は危険だ。

わたしは、いただく時はありがたく頂戴して、そのあとは部屋の箪笥あたりに大事にしまっておくことにしている。そこから必要な時に必要な言葉を取り出して、心のポケットに入れておくのがいい。いつも全部持ち運んでいると、足元が見えなくなってしまうから。

Sさんからの感想は本当に嬉しかったので、しっかりポケットに入れてある。これから執筆を続けるなかで筆が止まってしまったら、取り出して読み返そうと思う。

演じる

今日から三連休！　まとまったお休みは久しぶりだ。今日くらいはお仕事のことを忘れて気分転換をしようと思い、いったん『カムカムエヴリバディ』の台本をクローゼットにしまった。

手始めに洗濯物を畳み始める。タオルがふかふかで気持ちがいい。ああ、こんなふかふかのタオル、安子にも触らせてあげたい。これをおくるみにして赤ちゃんを包んだらどんな顔をするだろうか。おくるみといえばあのシーンって、ええと……気づいたらクローゼットからしまったばかりの台本を取り出し読んでいた。

わたしって本当にこの仕事が好きなんだなと思った。休みを喜ぶのと同じくらい強い気持ちで現場を欲しているみたいだ。撮影期間中はなんでもかんでも作品と結びつけて考えてしまうし、演じる役といつも共に過ごしているような気持ちでいる。役に入っている、というのとはたぶん違う。上手く言葉にするのは難しいけれど、自分の片割れとしてその役がいるような感覚だ。

お仕事を始めて早いもので十年が経った。たくさんの作品と、役と、言葉に出会って、それらを身体に入れては出して、一歩ずつ進んできた。

初めの一歩は大河ドラマ『江〜姫たちの戦国〜』だった。あの時のわたしが一番しゃんとしていたと思う。何も知らないから何も怖くなくて、作り込まれたセットの凄さに、カツラやお着物の美しさに、画面の向こう側の人たちが目の前にいることに、ただただ驚き興奮していた。その場の空気を感じ取ってそこに存在し、与えられたセリフを純粋に口に出していた。今の自分からすると少し羨ましい。いろんなことが見えてきた今、「ただその場にいる」ということは、とても難しい。

しかしお芝居って本当に不思議だなと思う。大勢の人に見られているなかで、泣いたり笑ったり怒ったり、惚れたり腫れたりするんだもの。本来超個人的であるはずの自分の姿を記録され、記憶されてしまう。なんていうか、尋常ではない。ふと我に返った時、いまだにどうしようもなく恥ずかしくなってしまう。でもこの恥ずかしさがお芝居の邪魔にならない限り、この感覚を忘れてはいけないなと思う。人として当たり前に持つべき羞恥心である気がする。

同時にこんなに面白い仕事はないとも思う。一度きりの自分の人生のなかで、他の人の人生に次々に乗り移っていくのだ。名を変え、性格も生き方も変えていく。自分の人生の時間を役に預けて、その役の人生を預かり、目一杯生きる。作品が終わる頃には役から何かしらの影響を受けているから、わたしのなかにはこれまで出会った役のかけらがたくさん転がっていることになる。たくさんの人生を抱えて進んでいく。

お芝居には正解がない。本当に難しくて終わりがない。悩むことの方が多いけれど、何にも代え難い楽しさを知ってしまっているから、心を削ることに抵抗はない。飽くなき探究が続く日々に、この上ない幸せを感じている。

撮る

「将来旦那さんがいいカメラを欲しがったらすぐに買いなさい」といつか母が言った。「あの時すぐ買ったおかげで、あなたたちの小さい時の写真がこんなにあるのよ」と。

確かに我が家には小さい頃の写真がたくさんある。しかもいい写真がたくさん。父がカメラ好きで、マメに撮ってくれていたのだ。まあ確かに気持ちはわかる。自分で言うのもなんだけど、小さい時のわたしと妹、本当に可愛いもの。わたしに関してはあの頃が人生のピークだと思っている。そりゃいいカメラが欲しくもなるわ。

なんて、冗談は置いておいて、家族でアルバムをめくる時間がわたしはとても好きだ。物心つく前の何気ない日常やとっておきの経験を、写真を見ながら両親が懐かしそうに話してくれる。この時は本当に寒かっただとか、このあとすっ転んで大泣きしただとか。平面の静止画なのに、奥の奥まで見通せたような気になる。写真を撮るということは時間や空間を立体的に保存することでもあるみたいだ。

わたしはというと、あまり頻繁に写真を撮る方ではない。どちらかというと撮らない方だと思う。特にスマホで写真を撮ることが少ない。仕事の時や人と過ごす時はスマホをしまっておきたいタイプなのでカメラロールがなかなか更新されない。電車の乗り換え案内や行きたいお店のスクリーンショットで埋まっていく。

でもこの瞬間を残したいと思うことはたくさんある。そういう時はフィルムカメラや使い捨てカメラを向ける。初めてのフィルムカメラは祖父からのお下がりだった。粗くて淡い風合いに、安らぎを感じたのを覚えている。スマホに比べると手間暇がかかるけれど、それによって〝一枚の重み〟が生まれる気がして好きだ。すごく個人的で感覚的な印象だけれど、スマホでパシャパシャ写真を撮ると、〝とっておき感〟が薄れるような気がしてしまう。画角とタイミングを定めて「えいっ」とシャッターを切る。どんな写真が撮れているかは現像した時のお楽しみ。気軽さと逆行している感じが、天邪鬼なわたしの性格にも合っている。

なんて言っているけれど、たぶんわたしもペットを迎えたり我が子が生まれたりしたらスマホでパシャパシャ連写するのだろう。いいカメラも躊躇なく買うと思う。一瞬の可愛さを収めたい時、悠長にフィルムを巻く暇などきっとない。

何はともあれ、この瞬間を覚えていたいと思うのはとても愛しくて尊いことだ。そしてその思い出をポケットに入れて持ち運べるなんて、素敵な時代だと思う。あ、そういう意味ではスクリーンショットも大切な記録ということになるか。わたしのカメラロールも、案外捨てたものじゃないのかもしれない。

終わる

何回経験しても、クランクアップや千穐楽（せんしゅうらく）の日は本当に寂しい。「終わりは始まり」と言うけれど、「始まらなくていいから終わらないでほしい」とまで思う。でもそんなわけにはいかない。すべての作品に、必ず終わりは訪れる。

何が寂しいって、もうこのメンバーが全員揃うことは二度とないということだ。もしその作品の続編や再演が決まっても、キャスト、スタッフが全員再集結することは不可能に近い。

ただでさえ寂しいのに、しばらくするとそれを助長させる動きが始まる。その名も「バラし」。使っていたセットを取り壊す時間だ。舞台の場合これが特に早い。公演を終えてみんなでひとしきり労（ねぎら）い合って、涙を拭き拭き楽屋に戻ると、舞台を映し出しているモニターを見て唖然とする。そこにはヘルメットをかぶった無数の人が絶え間なく動いており、さっきまでわたしたちがいたはずのセットが跡形もなく消えているではないか。「そんなに急がなくても……もう少し、余韻を味わっても……いいんじゃないでしょうか……」と思うけれどそんなことを言っている暇はない。次に控えている作品のために、劇場を明け渡さなくてはいけないのだ。そしてこちらも慣れ親しんだ楽屋から撤収しなくてはいけない。さっきまでの涙はどこへやら、気持ちを切り替えて引っ越し作業に没頭する姿は、客観視してみると相当シュールだ。

また、「最後の日」にはとてつもなく緊張する瞬間がある。「最後の挨拶」だ。映画でもドラマでも舞台でも必ずコメントを求められる。全員の前で、しかも感動的な空気感のなかで。

告白すると、わたしはこの挨拶を三日前から考え始める。大好きな人たちに最後に伝えたい想いなんて、数秒でまとめられるはずがない。出演が決まった日から今日までのことを思い返しながら、何を言おうか考える。伝え漏れがないように、後悔しないように。頭のなかでぐるぐるぐると。

でもいざその時が来ると、用意していた言葉はなかなか出てこない。出てくるのは涙ばかり。もっと上手に伝えられるはずだったのに、と思うと余計涙が止まらなくなる。情けないけど、でもそんな自分に嫌気が差すことはない。この気持ちの高ぶりは、頑張った証しなのだと素直に思うことができる。

花束を抱えて帰った日の夜は、本当によく眠れる。緊張やプレッシャー、疲労、葛藤など、すべてが睡魔に変わって襲ってくるような感覚だ。布団に吸い込まれて意識がどんどん沈んでいく。夢も見ず、深いところで、こんこんと眠る。翌朝目覚めた時の気持ちは実に晴れやか。昨晩の寂しさも含めて、本当にいい時間だったと微笑むことができる。

そうやって前へ進むのだ。終わりの寂しさを乗り越えて、前へ前へ。

スモークグリーン

萌音さんを単色で表すことは難しいのですが、ユーカリの葉のように、シルバーがかったグリーンをイメージします。癒やしがあって、優しい色で、見る角度によって淡いグリーンに見えたり、雪のかかったグリーンにも見えたりする。スモークグリーンが、ナチュラルでどんな空間にも馴染むことのできる萌音さんのような色だと思います。

「

一緒にお仕事をさせてもらうと自然に、もっと頑張ろうと思えて、パワーをもらっています！　どうか、これからも健康第一で、自分を大切にして進んでいってください！　いつもありがとうございます！

」

嶋岡 隆、北村 梓

（スタイリスト・萌音さんのMV撮影やテレビ出演をはじめ衣装を担当）

さすがはお二人……。わたしつい最近、自分がとても緑が好きだということを認めたばかりです。なかでも少しくすんだ、まさにスモークグリーンが。

ある日気に入った服を試着しようと店員さんに声をかけた時に「緑がお好きなんですね」と言われて気づきました。持っていた服も、着ていた服も、手にしていたスマホのカバーまで、一式スモークグリーンでした。

嶋岡さんは優しいグレー、北村さんは栗色のイメージです。抜群の相性を誇り、この上なく落ち着く、最強の二人！

——— 萌音

短篇小説

「ほどける」

1

困った。涙が止まらない。

昼休み、いつものように仲のいい友人たちと机を寄せてお弁当を食べていたら、一人が突然言った。

「泣きレースしない？　誰が一番早く泣けるか競争するの。昨日テレビでやっててさ」

面白そうだとみんな乗り気になり、やってみることになった。

「よーい、どん」

やってみると、思いの外、みんな泣けるものだった。「ドラマの最終回思い出してみた」「聞くと必ず泣いちゃう曲を脳内再生した」など、それぞれ涙のトリガーを報告し合っていたが、わたしだけ、最後まで泣けなかった。

その時は特に気に留めることはなかったけれど、帰り道一人になると、急に思いが巡り始めた。そういえば、最後に泣いたのはいつだろう。「ドライな人だ」とよく言われるが、確かに感情を表に出すタイプではない。中学の卒業式でも、みんな泣いていたけれど、わたしはそんな友人たちの肩を笑いながらさすっていた。

　もしかしたら、わたしには心がないんじゃないだろうか。

　そう思ったら、なんとしてでも今、涙を流しておきたい気持ちに駆られた。わたしにだって涙を流す機能が備わっているということを確かめたかった。だから、一人で「泣きレース」の続きを始めた。

　いろんな悲しい出来事を想像してみた。家族がいなくなってしまうこと。自分が余命宣告されてしまうこと。彼氏に別れを切り出されること。大学受験に失敗すること……。泣きたい気持ちにはなったけれど、涙は出てこなかった。

　やけになって、目を乾燥させる作戦に打って出た。なんでもいいから涙を流したかった。目を見開いたまま歩く。眼球に風が当たり、涙が溜まってきた。今だ！　固く目を瞑ると、ついに待ちわびた一粒が右目から頬を伝った。やった、泣けた。

　しかし、そこからが問題だった。涙が、止まらなくなってしまった。

　なぜか右目だけから止めどなく流れてくる。数秒間目を瞑ってみても止まらない。悲しくないのに、泣きたくないのに、まるで機械のように溢れてくるこの液体は、もはや涙ではなくただの水だ。帰路を急ぐ。

おかしい、こんなつもりじゃなかったのに。

家に着いた。洗面所で鏡を見るとまだ涙が、いや水が流れている。電気もつけず、暗い家の中をひとり右往左往する。蒸しタオルで温めたり、逆に保冷剤で冷やしたり、目薬をさしたりしてみたけれど効かなかった。冷蔵庫に「水のトラブル」のマグネットが貼ってある。いっそ電話してしまいたい。

テレビ台の下に並ぶ、父が好きなサンドウィッチマンのライブDVDに目が留まった。これだ。思い切り楽しいものを観たら涙が止まるかもしれない。

制服も脱がず再生を始める。伊達(だて)さんでも富澤(とみざわ)さんでもどちらでもいいので、わたしの涙を止めてほしい。

初めてちゃんと観たネタはとても面白くて、こんな状況なのに思わず声を出して笑った。でも、あいかわらず涙は止まらない。だんだん笑えなくなってきた。これから一生止まらなかったらどうしよう。右目から水を流し続ける人生になってしまったらどうしよう。画面の中では二人の息の合った漫才に観客が大笑いしている。その前でわたしは膝を抱え、わけもなく涙を流して途方に暮れている。そこへ玄関で鍵が差し込まれる音がして、

「ただいま」

母が帰ってきた。

2

困った。口角が下がらない。

昼休み、いつものように同僚たちとごはんを

食べていた。会社は今、繁忙期。みんな口々に不満を漏らしている。会社の制度や夫婦関係などについて、ひたすら嘆いている。

わたしはそれを聞き流しながら、黙々と箸を進めていた。時折頷き、口の端に笑みを浮かべて、肯定も否定もしないようにしながら。「休憩中くらい仕事を忘れて明るい話題で楽しみたい」というのが本心だったが、この疲弊した空気の中、そんなことは言い出せなかった。

普段厳格で物静かな課長が、新入社員のミスに慌てふためいていたという話題に移った。一人がその時の様子を面白おかしく再現して、どっと笑いが起きる。んー、正直ちっとも面白くない。人の必死な姿を笑うというのは、いくらストレスがたまっているとはいえ、さすがに品がないのではないか。そう思いつつもわたしは空気を読んで無理やり口角を上げてしまう。一言物申す勇気がない自分を、嫌だ嫌だと思いながら。

食事を終えて解散し、歯を磨きにお手洗いに向かった。そこで鏡の中の自分を見てギョッとした。左の口角だけが不自然に吊り上がっている。自分の顔が、悪事を企む悪戯っ子のような、歪んだ表情をしている。必死に真顔に戻ろうとしても、言うことを聞いてくれない。午後の業務がまだ残っているのにどうしよう。慌てて鞄の中からマスクを取り出してつけた。結局その日は、パソコンに向かっている間も、上司からの指摘に頭を下げている間も、マスクの中は半笑いのままだった。

帰りの電車に揺られながら思いが巡る。昔から愛想がいいとよく褒められた。「いつもニコニコしていて偉いわね」と。やがて大人になるにつれて愛想笑いを覚えた。嫌なことがあっても、なるべく笑顔を絶やさないようにしてきた。「主任って怒ることとかあるんですか。いつも笑ってるイメージだから、負の感情とかなさそう」と言われたこともある。「あるよ。負の感情、あるある」と返すわたしは、やはり笑っていたのだった。

　マスクの上から左の口角に触れる。ずっとこのままだったら、意に反して左半分だけ笑い続ける人生になってしまったらどうしよう。一体どうすればいいのだろう。

　一晩寝たら治るだろうか。温めたり冷やしたりしてもダメだったら、明日有休を取って病院に行こうか。でもどこを受診すればいいのだろう。外科？　心療内科？　そんなことを考えているうちに自宅の玄関に辿り着く。一旦呼吸を整えて、鍵を回して声をかけると、

「おかえり」

娘の声がした。

3

「あら、帰ってたの」

　マスクを外しながら母がリビングに入ってきた。

「うん、帰ってた」

　わたしは薄暗い部屋で膝を抱えたまま答える。

「何、ＤＶＤ観てるの？　電気もつけずに」

　そう言ってわたしの目を覗き込んだ母が驚く。その口元を見たわたしは眉をひそめる。

　そして二人同時に声を上げた。

「どうしたの」

　沈黙が流れた。半分泣いている人と、半分笑っている人。おかしな二人は呆気にとられて見つめ合った。そうしていると不思議なこ

とに、お互いの身に起きていることがなんとなくわかってくるような感じがした。何も言わなくても、何も聞かなくても。

　母の手がゆっくりとわたしの右頬に伸びてきて、そっとしずくを拭った。久しぶりに感じた、母の手の温もりだった。

　すると右目から溢れ続けていた液体はピタリと止まり、代わりに左目から涙が一筋、ほろっと流れ落ちた。それを見た母は一瞬ハッとしたあと、両の口角を上げて安心したように笑った。

「あっ」と二人同時に呟いた。嘘偽りのない、自分の本当の感情を見つけた。そして言葉のいらない母娘の繋がりが、わたしはなんだか嬉しく、少しくすぐったく思えた。

　その時、玄関のドアが勢いよく開いた。慌ただしく走り込んできた兄が、「ただいま」も言わずに捲し立てた。

「困ったよ。昼休み友だちと酔っ払いのモノマネ選手権をしてたんだけどさ、それ以降しゃっくりが止まらないんだ」

　不意に、つけっぱなしにしていたテレビ画面から富澤さんの太い声が響いた。

『ちょっと何言ってるかわからないです』

「わ、なんだびっくりした！　あ、あれ。止まった。よかった」と兄。そこへすかさず『なんだよいい加減にしろよ！』と伊達さんが叫ぶ。観客が手を叩いて盛り上がる。

　一連の奇跡を目の当たりにしたわたしと母は顔を見合わせ、同時に噴き出した。わたしたちはそのあとしばらく、まるで何かから解放されたかのように、涙を流して笑い続けた。

（了）

わたしがいた風景

～鹿児島小旅行リポート～

鹿児島に帰ってきた。今回は珍しく休みが重なった妹も一緒だ。二人で飛行機に乗るなんて、いったい何年ぶりだろう。デビュー当時はよくこうして肩を並べて鹿児島―東京間を往復していた。あれから十年。なんだか感慨深い。

ゲートを出て、行き交う人たちの鹿児島弁に頬を緩ませながら、心から「ただいま」と思った。東京にも家はあるけれど、本当の意味で帰ってきた気持ちになれる場所はここにしかない。上京してもう八年が経つのに、わたしはまだまだ〝故郷離れ〟ができそうにない。

今日から二日間の旅の行程は、いつもの帰省時と大体同じだ。思い出の詰まった馴染みの場所で、いつもよりじっくりと、これまでとこれからの「いろいろ」に思いを馳せてみよう。どうぞお付き合いください。

警告 WARNING

ここは与次郎ヶ浜。ヤシの木々が立ち並び、目前には雄大な桜島。そういえば鹿児島空港周辺もヤシの木が多い。やはり鹿児島は南国なのだということに今更ながら気づかされる。時間がのんびりと過ぎていく。

二〇一〇年、この近くの映画館で「東宝シンデレラ」オーディションの第一次審査が行われた。精一杯の一張羅に身を包み、父の運転する車で会場入り。車を降りてすぐ、同じく審査に向かう女の子の洗練された姿を見て、早くも怯んだのを覚えている。

上映室でのごく短い質疑応答。実感もないまま、あっという間に審査は終わった。「なんか審査員の人が面白かったね」「可愛い子いっぱいいたね」などと話しながら、妹と二人来た道を戻る。まさかここが始まりの場所になるだなんて、その時のわたしたちは知る由もない。

父方の祖母が作るカレーと唐揚げが大好きで、行く時はいつもねだってしまう。美味しい美味しいと食べるわたしたちを見て「東京でもっといいもの食べてるでしょう」と祖母は不思議そうにするけれど、どこを探してもこんなに優しい味には出会えない。

シャイで穏やかな祖父母との時間はゆっくりと過ぎる。こたつを囲んでお茶をすすり、振り子時計の音を聞きながら。

普段寡黙な祖父が、「周りの人を大切にして、いつもニコニコ笑っていなさい」とじっくり言葉を選びながら話してくれた。その目には光るものがあって、それに気づいた祖母が可笑しそうに笑った。

帰り際、車が曲がるまでずっと手を振ってくれているのを見ながら、「ひ孫が楽しみ」と言われたのを思い出す。二人のためにも、はよよか人に出会わんならね。

母方の祖父母にみなぎる生命力には驚かされる。いつ会ってもしゃんとしている祖母と、いつ会ってもマイペースな祖父。一緒に近所の回転寿司屋さんに行くのが帰省のルーティンだ。二人ともよく食べてよく笑う。

家を訪れるといつも、「もうお腹いっぱい」というまでお菓子や飲み物が出てくる。人を喜ばせたいというのが祖母の原動力なのだと思う。それを穏やかに見ている祖父は、時々口を開けばとんでもなく面白いことを言う。二人は極上のバランスで成り立っている。

わたしのことを優しい子だと言ってくれた。電話もたくさんくれるからと。そういえば最近声を聞いていない。この原稿を書き終えたら、電話をかけてみよう。

東京からエッセイのスタッフが訪ねてきても、この部屋の空気は幼い時のお泊まりの日と何も変わらない。

ここの公園には本当によく来た。学校行事でも、友だちとの暇つぶしでも。家族との思い出もたくさんある。日曜日になると、近所の美味しいパン屋さんで買った朝食を持っていって一緒にベンチで食べたあと、思い思いに歩いたり走ったりして、適当な時間が経ったらぼちぼち集合して家に帰る。緩やかで健やかな、大好きな時間だった。

仕事の一環でここを訪れたのは今回が初めてだ。なんだかとてもこそばゆかったので、歩きながら旧友にビデオ電話をかけた。鹿児島を出て働いている彼女は彼氏との旅行中らしかった。貴重な時間に悪いと思いつつ、向こうも嬉しそうに懐かしんでくれたので思ったより長くお邪魔をしてしまった。

思い出の場所には、そこを共有した人と訪れたいと思うものだけれど、今日みたいに個別に来て、遠く思いを馳せるのも悪くない。

「通学路」って、いい響き。雨が降ろうが灰が降ろうが、毎日同じ服を着てせっせと通った道だ。

前出の旧友とは中学生になってから急激に仲を深め、可能な限り登下校を共にした。

彼女は本当に面白い。このあたりを担当する市バスの運転手さんの名前と運転の特徴を全員分把握しているような人だ。そういう変なことを、トーンを変えずに淀みなく喋るので、一緒に帰ると終始笑いっぱなしだった。抱腹絶倒して道にうずくまり、しばらく立ち上がれなくなったことも一度や二度ではない。

なぜか帰省のタイミングが合うことが多く、なんだかんだ結構会えている。いつもわたしの家に来て、うちの両親を「おじちゃん、おばちゃん」と慕い、家中を巻き込んで喋り倒し、颯爽と帰っていく。やれ、最高に可笑しくて清々しい親友を持ったものだ。

わたしの生まれ故郷には海岸がある。どうです、いいでしょう。自分のことで誇りに思えることはとても少ないけれど、これに関しては胸を張って大きな声で自慢できる。

久々に訪れると、もう「エモい」が止まらなかった。この近くに住んでいたのは五歳まで。決して長い期間ではないけれど、身体が空気をはっきりと覚えている。

よく貝殻を探した。お目当ては桜貝。綺麗な桜色をした薄い貝殻は力を入れると簡単に割れてしまうので、見つけたら大切に持ち帰って宝箱にしまっていた。今日も童心に返って探したけれど、残念ながら見つからなかった。しかし小さい頃の遊びは身体に染みついている。長いことしゃがみ込んで探す間の集中力と高揚感は、五歳のあの頃と遜色なかったように思う。

この街には幼馴染みたちとの思い出が詰まっている。いまだに深い付き合いのある幼馴染みがいるというのも、数少ない自慢の一つだ。わたしを含めた女三人と男一人。もうみんなここを出てしまったけれど、帰ってきただけで彼らに会えたような気持ちになる。そういえば上京する前、壮行会と称してこの海岸でみんなと遊んだことがあった。その時もらった寄せ書きにはこんな言葉が。

「前へ前へ進んでいって、でもたまに振り返って〜」

おばさんみたいな幼馴染み男子からの、すべてが詰まった優しいエール。

余談ですが、実はわたしが無心で貝探しに興じていたまさにその時、マネージャーさんが朝ドラ出演決定の電話を受けたらしい。砂浜の遠くの方で、波の音を聞きながら。ああ、もう、なんたるご縁だろうか。ここはわたしのパワースポットに違いない。

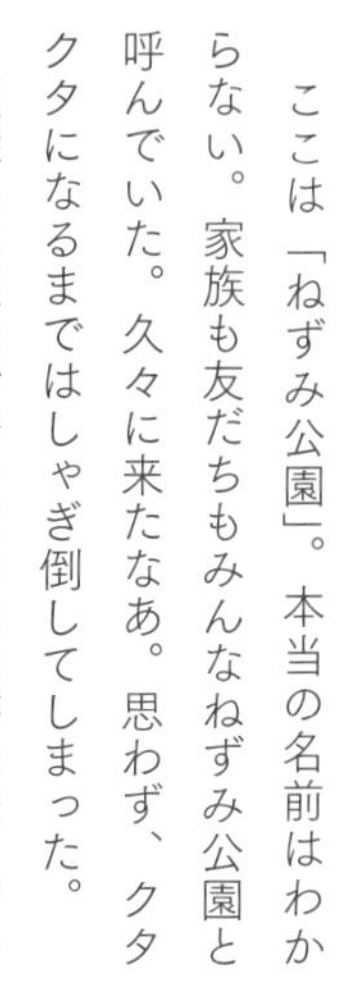

ここは「ねずみ公園」。本当の名前はわからない。家族も友だちもみんなねずみ公園と呼んでいた。久々に来たなあ。思わず、クタクタになるまではしゃぎ倒してしまった。

貝探しに並んで好きだったのが木登り。テンションに任せて勢いよく登ってみたものの、こちらはあの時と同じようにはいかなかった。身体が重い。ずいぶん大きくなったものだ。

近所に住む英会話の先生や、幼馴染みのご両親のもとに挨拶に寄った。時が経っても、何があっても、少しも変わらず「おかえり」と出迎え、我が子のように可愛がってくださる。ここで生まれ育って本当によかったと、心から思った。

幼馴染みのお母さんが手作りの郷土菓子「ふくれ」を持たせてくれた。出来たての温かさと黒糖のほんのりした甘さが、不意に涙腺を刺激する。またすぐに帰ってきます。

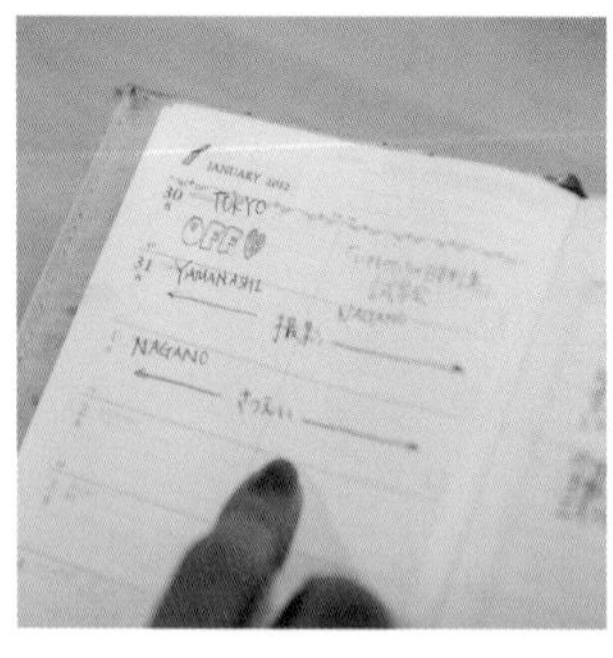

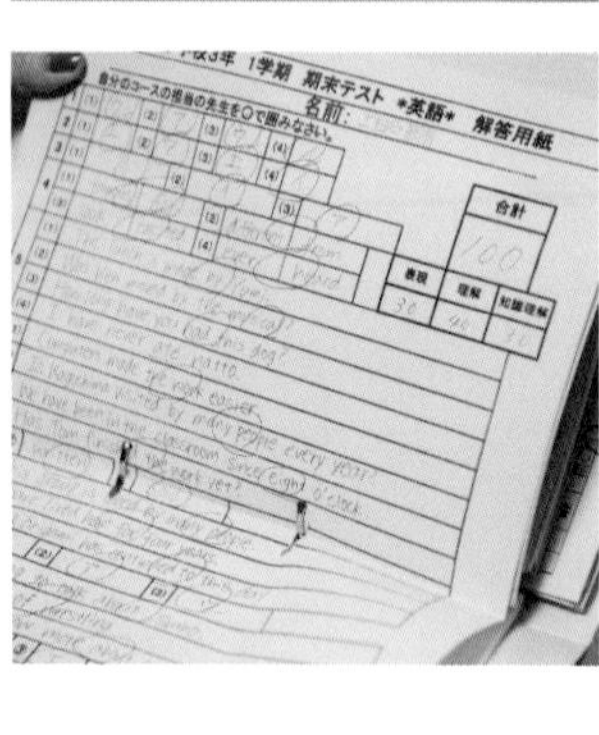

さて、我が実家の子ども部屋へようこそ。妹との二人部屋は、今もあの頃のまま。勉強机には、まだ中学三年の頃の参考書が並べてある。

この部屋に帰ってくると必ずすることがある。中学校で毎日提出が課されていた「生活の記録」という冊子の残りのページに日記を書き足すのだ。四行くらいの小さなスペースにその日の出来事を綴る。ただでさえ中身の詰まった帰省の一日を、たった四行に凝縮するのは至難の業だ。言葉を選び抜いて真剣に机に向かう時間は、毎度の小さな楽しみになっている。

一緒に写っている犬のぬいぐるみは、三歳くらいの時に父方の祖父母にもらったものだ。この子には名前があるのだけれど、ミュージカルの発表会で同名の役をいただいたことがあって、その時はとっても興奮した。大事な宝物。この子は棺桶に入れてほしいです。

わたしたち家族は、まあよく喋る。一緒にいても離れていても関係ない。家族LINEは毎日稼働していて、各々写真を送ったり業務連絡をしたり、噛み合っているんだか噛み合っていないんだかよくわからない会話を繰り広げている。

でも実家のダイニングテーブルを四人で囲んでじっくり話すのは、いつぶりだろう。姉妹揃っての帰省はなかなか実現しないので、こうやって全員が着席している状況はとてもレアだ。

編集担当のSさんを交え、幼少期の思い出話から人生の話までくまなく語り尽くした。みんないつも以上に弁が立ち、たくさん、本当にたくさん笑った。

大事にしてほしいこととして父は「先祖を敬い、一生学び続けること」を挙げた。幼い頃からずっと言い聞かせられてきたけれど、こうして改めて聞くといっそう胸に響く。

実際うちの家族はみんな、日々学び続けている。教壇に立つ父の本棚は学術書で埋まっているし、元音楽教師の母はいまだにレッスンの講習を受けに行っていて、妹も芸術への学びを重ねている。「続ける」ことが苦手なわたしにとっては、本当に憧れの、鑑のような人たちである。貪欲に学び考え続けているからこそ、こんなにたくさん喋ることがあるし、いつも会話が楽しいのだ。

そして口には出さずとも、両親がいつでもわたしたちのことを想ってくれているということにジーンとした。自分の幸せは、自分だけのものじゃないんだな。家族のため、ご先祖たちのためにも、わたしたちはうんと幸せにならなくちゃいけない。

いつかその時が来たら、わたしは上白石家のような家庭を築きたいと、心から思う。

足あと、いろいろ

1歳

A. 歩き始める。1歳2ヶ月、4月生まれの幼馴染みを追って　B. 1歳半から現在に至るまで、歌とダンス　D. 新居の内見の時、1階の窓から落ちる。無事でよかった……　E. あなたが見つけた趣味、一生好きだよ　F. 熱唱中。ブランコも大好きでした

A. 幼稚園に入園　B. 幼稚園で帰りの準備をすること　D. 登園が嫌で泣き散らかす　E. 泣きたい時は泣きたいだけ泣けばいいさ　F. 年少さん。幼稚園が楽しくなってきた頃

3歳

2001

1999

年

2000

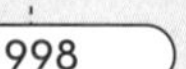

1998

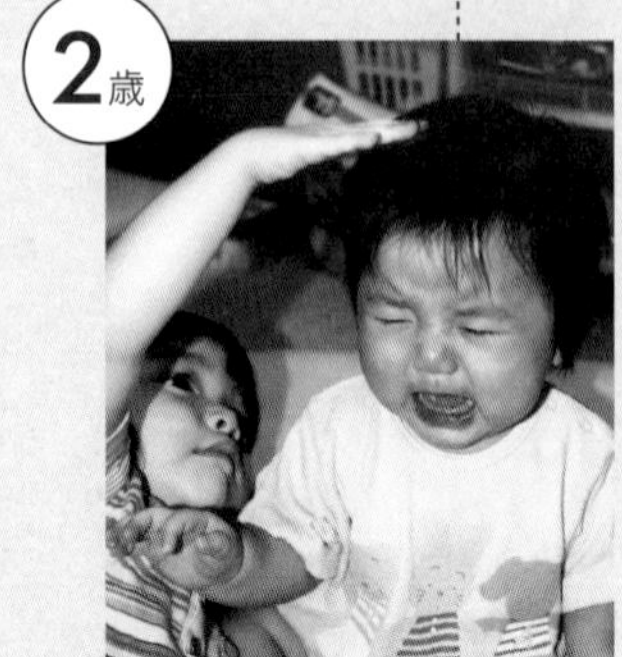

2歳

A. 妹が生まれる。激しい赤ちゃん返り　B. 近所の英会話教室に遊びに行くこと　E. 可愛いね　F. 妹のことをよく可愛がっていたみたい

A. 生まれる。身体が弱くて保育器に入っていました。大きくなれてよかった　E. ちゃんと生きてるよ、大丈夫　F. 体重は2598g。両親の愛を一身に受けて生きていました

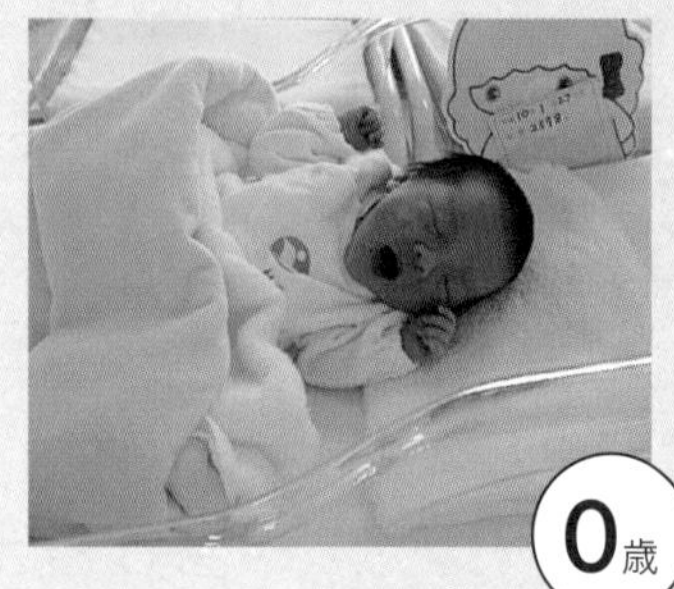

0歳

A. 印象的な出来事　B. 好きだったもの　C. マイブーム　D. 苦手だったこと、苦い思い出　E. 当時の自分へ言ってやりたいこと　F. 写真へ一言

5歳

A. ひいおばあちゃんの老人ホームで、萌歌と二人初舞台を踏む。曲は『ひょっこりひょうたん島』、振り付けも担当　B. 側転。スーパーのなかを端から端まで側転をして叱られていた　C.『とっとこハム太郎』　D. 母に習っていたピアノが自然消滅　E. ピアノ続けとけばよかったねー!!　F. 初めての東京ディズニーランドにて、エモい写真

A. 鹿児島市に引っ越す。バレエを習い始める。メガネデビューを飾る　C.「たまごっち」が何よりも大切でした　D. 保健室登校時代　E. この時苦しんだおかげで、強く優しくなれましたよ　F. 新居にて、母とオセロ対決。りんごほっぺ

7歳

2005

2003

2004

Turning point!

2002

A. ミュージカルを始める。わたしの原点になった年　B. 二重跳び、跳び箱　C. カードゲーム「オシャレ魔女 ラブ and ベリー」　E. 最高の出会いに乾杯　F. ランドセルはワインレッド色を選んだ。渋い

6歳

4歳

A. 体操クラブに通い始める。動物園で突然「ラマ」という字を読んで両親を驚かせる　C.『おジャ魔女どれみ』　E. カタカナはたぶんおじいちゃんに習ってたんだねえ　F. 渋めの色を好んで着ていたらしい。今と変わらないなあ

11歳

A. 帰国。同じ小学校に戻る。明るくなったとびっくりされる　B. 初めてCDを買う。絢香さんのベストアルバム　C. 公式ドッジボールに明け暮れる　D. 気管支肺炎で人生初の入院　E. 絢香さんに会えるよ！　素敵な人だよ！　F. ミュージカル教室の公演。縄跳びが好きなうさぎ役

2009

A. 通っていた日本人学校ののど自慢大会で初優勝　B. ジャズダンス、タップダンスを習い始める　C. 海外ドラマ『フルハウス』が大好きだった　D. オスグッドを発症。痛かった……　E. 一時帰国の飛行機、着陸の時今までで一番耳痛くなるから気をつけて　F. 貴重な水着ショットです!!!

9歳

2007

2008

10歳

A. メキシコ最後の年。とにかく習い事を詰め込みまくっていた　B. 最後の3ヶ月だけ習ったメキシコダンスが本当に楽しかった　E. メキシコダンスの振り付け、まだ覚えてるよ　F. この馬に乗って森を歩いたの、気持ちよかったなあ

2006　Turning point!

A. メキシコへ。一瞬でこの国のことを大好きになった　B. メキシコでバレエを始める。ABBAを好きになる　C. 日本から持っていったWiiの「太鼓の達人」に明け暮れる　E. メキシコ行ってよかったねえ。人生変わるよ～　F. メキシコにて、観光疲れで爆睡

8歳

15歳

A. 上京。地元が大好きなので実はすごく嫌だったけれど腹をくくる。映画『舞妓はレディ』の撮影　B. GReeeeNさんをめちゃくちゃ聴いていました　C. 撮影中、富司純子さんにいただいたのがきっかけで氷砂糖にはまる　E. 東京もいいところよ　F. photo by 竹中直人さん

A. 年が明けて、オーディションでまさかの受賞。しかも姉妹二人とも。身内は騒然としました　C. 一瞬編み物にハマる　E. この年に出会う作品で、お芝居の楽しさに目覚めます。深い深い沼だよ、ようこそ　F. ピースのハリがいいですね

13歳

2013

2011

2012

2010

Turning point!

14歳

A. 映画『だいじょうぶ3組』の撮影。滋賀県にて初めての長期ロケを経験する　B. いきものがかりさんの音楽に支えられる　C. 母の勧めで『アンネの日記』を読み衝撃を受ける　E. いきものがかりさんに会えるよ。楽しみにしてて　F. バレエ教室にて、キトリのバリエーション

A. ミュージカル教室の恩師に勧められ、「東宝シンデレラ」オーディションに応募　B. 酢昆布　D. このあたりで身長が止まり妹に抜かされる　E. 人生が変わる前の最後の年。思い切り楽しんでね　F. 応募写真はこれでした、幼い

12歳

A. 映画『羊と鋼の森』で姉妹初共演が叶った年！　本当に楽しかったなあ　B. ピアノ曲を聴きまくる　C. ドラマ『カルテット』にどハマり。ドラマにハマるなんて珍しいこと　E. ラストティーンだよ！　ちょっとは恋とかもしといた方がいいんじゃない？　F. 成人式の前撮りは地元鹿児島で。祖母行きつけの美容室にて

19歳

2017

17歳

A. 受験勉強と映画の撮影と舞台の公演で超多忙でした　C. 忙しいなかクロスステッチに一瞬ハマる　D. 第一志望には落ちた。泣きました　E. いい大学に入ったよ。後悔してないよ　F. なんか若い気がする。たぶん家族旅行の時

2015

2016

A. 映画『君の名は。』がきっかけで名前を知っていただくようになる。歌手デビューも決まる。他人事のような気持ちになるパート1　C. RADWIMPSさんにどハマり　D. 知られていくことへの恐怖をとても感じた一年でした　E. 複雑かもしれないけど、いい出会いであることに変わりはない。抱きしめなさい！　F. 歌手デビューの頃。福島県猪苗代湖にて

18歳

2014　Turning point !

16歳

A. 映画『舞妓はレディ』が公開。そして舞台『みえない雲』に打ち込む。忘れられない年　C.『夜と霧』を読んで以降ホロコーストについて調べまくる時期があった　D.「めざましじゃんけん」で大ミスをした。思い出すだけで汗が出る　E. 24歳で結婚したいって言ってたね。無理です　F. プロモーションで初めてパリへ！　夢のようでした

A. 今年もいろんなことがありそうだけどまさか本を出版するとは。人生って面白い　B. あんこが大好きです　C. ドラマ『大豆田とわ子と三人の元夫』にどハマり中。松たか子さん×坂元裕二さんに弱いみたい　D. 予想以上にエッセイの締め切りに追われました。よく頑張ったと思う　E. 頑張れ!!!　F. 今わたしの頭のなかは安子でいっぱいです！

A. 舞台『組曲虐殺』で濃い時間を過ごす。一生忘れないと思う。幸せでした　B. GLIM SPANKYさんに出会った年。舞台中心の生活の支えだった　C. もう一回編み物にハマる　E. 頑張れ！　F. お露を演じていた時。このカラコンと牙はうちにあります

2021

2019

未来へつづく！

2020

2018

A. ドラマ『恋つづ』の放送が始まる。たくさんの反響があってなんだか他人事みたいな気持ちになるパート２　B. パッタイにハマる。友人とタイ料理研究部を結成　C. 空前の猫ブームが到来。キャンドルという素敵な趣味も発見　D. 自粛期間。インドア派だから平気だったとはいえ、人恋しかった　E. 頑張れ!!　F. 激動の日々のなか、高校の友人との癒やしの時間

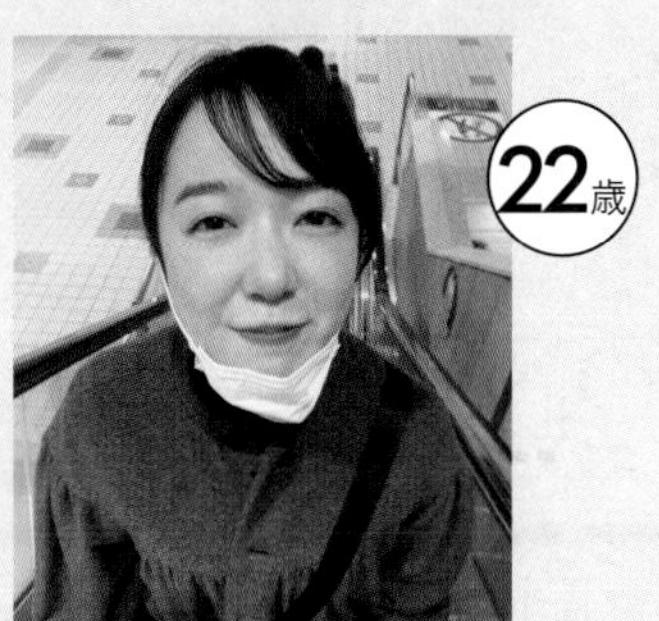

A. はたち!!　初めて飲んだお酒は父が買ってきた年代物のワイン　B. 美術館巡り　C. クッキーのアイシング動画を見ること　E. 長い大人の始まりだ、気を引き締めよう　F. 20歳最初の作品はピンク髪でした。色を入れる前。グレてます

『いろいろ』ができるまで

①デザイナーさんのおしゃれな事務所で、素敵な本を何冊も開いては閉じてを繰り返しながら、大まかな方向性を決めていく。凝りに凝ったデザインの本がたくさんあって興奮した。

②紙にそれぞれ名前があるなんて知らなかった。手触り、色味、厚さ、印刷の出方など本当にさまざま。紙屋さんは見て触っただけで紙を判別できる。かっこいい。

① デザインの打ち合わせ

撮影＝編集部

紙の検討

3 鹿児島での取材

③取材は馴染みのスタッフさんたちとカジュアルに。忘れられない二日間になりました。

④休日の予定を聞かれて「執筆します」と答えていた時のわたしは、たぶんとてもドヤ顔だったと思う。生みの苦しみと楽

④

原稿の執筆

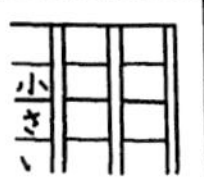

⑤

フォントの検討

しみを味わい尽くしました。
⑤フォントは温かみのあるものに。細かすぎて伝わらない、かもしれない、でも大切なこだわり。

⑥情緒漂う京都の喫茶店にて。店主ご夫妻がとても優しかった。また行きたい。
⑦手にした瞬間、この上ない感動が。紙の質や色、栞（スピン）の最終決定をしました。なかはまだ白紙。

⑥ 表紙用写真の撮影

⑦ 束見本の確認

8

ゲラの校正

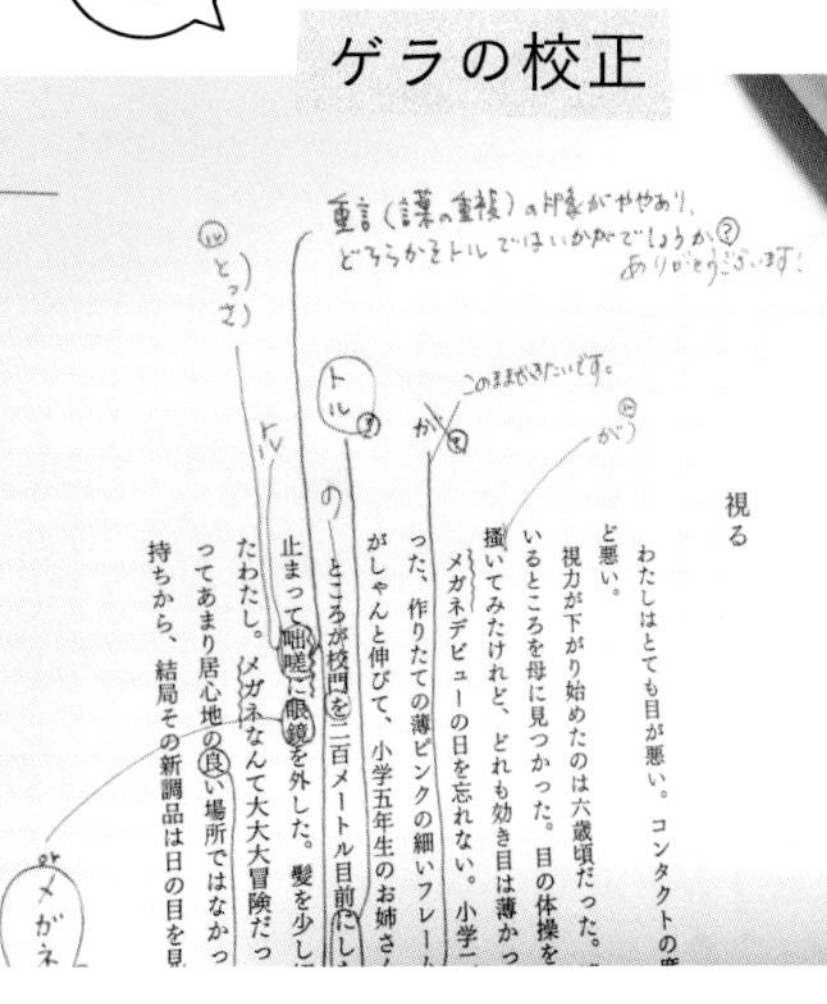
視る

わたしはとても目が悪い。コンタクトの度

ど悪い。

視力が下がり始めたのは六歳頃だった。

いるところを母に見つかった。目の体操を

描いてみたけれど、どれも効き目は薄かっ

メガネデビューの日を忘れない。小学二

った、作りたての薄ピンクの細いフレーム

がしゃんと伸びて、小学五年生のお姉さん

ところが校門を二百メートル目前にし

止まって咄嗟に眼鏡を外した。髪を少し

たわたし。メガネなんて大大冒険だっ

ってあまり居心地の良い場所ではなかっ

持ちから、結局その新調品は日の目を見

⑧丁寧な直しが入ったゲラ（校正刷）に手書きで修正。これに新幹線で取り組んでいる時、我ながらかっこいいと思った。

⑨実際の紙に印刷された文字や写真を見ると実感が湧いた。いよいよ。

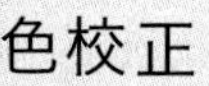

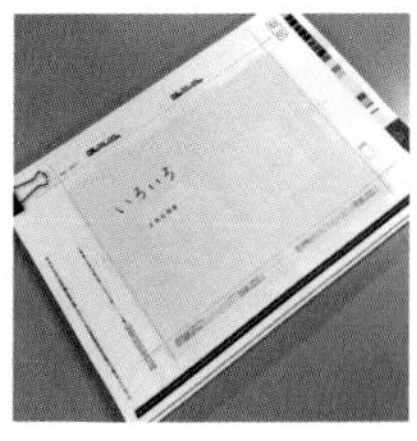

あとがきにかえて

始発に近い新幹線の座席で一人、首をぐりんぐりん回しながらパソコンに向かっている。エッセイ五十篇を脱稿した今、羽根のように心が軽い。窓外の曇天も輝いて見える。書けた。なんとか書けた！

初めて本を執筆してわかったことが二つある。

一つ目は、思っていたより数倍、自分が面倒臭い人間であるということ。自分の心の機微を注意深く観察していたら、すごく疲れた。下手すれば暗くてひねくれたエッセイばかりになるところだった。天邪鬼で気にしいなわたしは、たくさんの人に出会い、必要としていた言葉をもらって、なんとか前を向いてきたのだ。お仕事を始めてからの十年、ひいては生まれてからの二十三年間の出会いのすべてが、ありがたくて大切でたまらない。

もう一つは、本を編むというのはとんでもないほど大変な作業だということ。紙質やフォントやページの構成、言葉の選び方。本当にキリがない。

著者、編集者、デザイナー、校正者、紙屋さん、印刷会社に製本会社。他にもたくさんのプロがいて、それぞれの知識と技術を縒り合わせる。一冊の本とは、人と時間の結晶なのだ。そう思うと今鞄に入っている読みかけの文庫本の重みがグッと増すようだし、本屋さんで膨大な数の本を前にすると圧倒される。本づくりの裏側を見たわたしはもう、ただの読者には戻れない。これからは、ページの後ろ側まで敬意を払って、心して読むことになるだろう。本好きとして、これは幸せすぎる転換である。

書くことは、伝えるということは、見つめることから始まるのだと思った。そして一人では何もできなくて、誰かの力を借りたら何でもできるのだと思った。気づけてよかった。

よし。最後は著者らしく、そしてわたしらしく。

この本に携わってくださったすべての方々と、今これを読んでくださっているあなたへ。本当にありがとうございました。

二〇二一年初夏　上白石　萌音

撮影＝マネージャー

HAPPY 23RD
Birthday
魚釣り禁止

ブックデザイン　小田切信二＋石山早穂（wip·er graphics）

撮影　山本あゆみ（カバー、p.2-5、p.170-171、p.178-207）

イラスト　小田切信二（p.172、p.214-219）

校正　円水社

撮影協力　進々堂京大北門前

特別協力　家族／原田マハさま／色のページにご寄稿くださったみなさま／応援してくださるみなさま

上白石萌音
かみしらいし・もね

1998年、鹿児島県生まれ。2011年、第7回「東宝シンデレラ」オーディション審査員特別賞受賞。俳優のほか歌手、ナレーター、声優など幅広く活躍。ドラマ『ホクサイと飯さえあれば』『恋はつづくよどこまでも』『オー！マイ・ボス！恋は別冊で』、映画『舞妓はレディ』『君の名は。』、舞台『ナイツ・テイル―騎士物語―』『組曲虐殺』など出演多数。21年度後期連続テレビ小説『カムカムエヴリバディ』ではヒロイン・安子を務める。

いろいろ
2021年 9月20日　第1刷発行
2021年 11月10日　第4刷発行

著　者　上白石萌音　
発行者　土井成紀
発行所　NHK出版
〒150-8081　東京都渋谷区宇田川町41-1
電話　0570-009-321（問い合わせ）
0570-000-321（注文）
ホームページ　https://www.nhk-book.co.jp
振替　00110-1-49701

印　刷　凸版印刷
製　本　ブックアート

Printed in Japan　ISBN978-4-14-081863-3　C0095

いいこと
あるかも